契約の目的

契約の目的

岸上晴志 著

不磨書房

はしがき

　本来なら，この論文集の「はしがき」は，ご本人である，岸上晴志氏が書かれるべきであろう。しかし，それはもはやできない。岸上氏は，2005年3月末に逝去された。痛恨の極みである。そこで，私どもは，せめて，岸上氏のなされてきた貴重な作業を何らかの形で残せないかと考え，ここに『契約の目的』と題する論文集を編むことにした。多分，岸上氏のことであるから，「止めてくれよ」と言っているに違いない。

　さて，彼の業績の主要なものは，この論文集の表題にあるように『契約の目的』または，「契約原因論」ともいうべきものである。この点に関しては，「あとがき」に岸上氏の恩師，平井教授が書かれているので，それをお読みいただければ幸いであるが，はしがきを書く私として一言述べておきたい。

　岸上氏は，契約の目的についての研究をする動機について，以下のように述べている。

　「近時，法律行為における意思理論が再検討されるようになったことがあげられる」「目的という概念については，理論の対象としてとりあげられることはほとんどなく，動機をも含めた広義の意思表示形成過程においても，目的なる用語は日常用語とされ，法律用語としての認知を受けていない。ここでは，目的は，動機や真意という概念と同義であるか，もしくはオーバーラップされているとみることができる。」

はしがき

「契約法上「目的」を問題としている法律構成がいくつか見受けられるが，そこで用いられている個々の目的概念の相互関連性について，またそこでいう目的の概念規定は，これまで余り明確には，なされてきていない」と。

以上が，岸上氏が研究をされる動機である。

残念ながら，この問題についての岸上氏の結論を聞くことはできなかった。しかし，この論文集の随所に挙げられている問題点の指摘は，民法を研究する者にとって，決して忘れてはならない論点であろうと思われる。

なお，この論文集を編集するに際して，岸上氏の了解を得ず，幾分かの編集作業を行った点をお断りしておきたい。

合　掌

中京大学大学院法務研究科教授

橋　本　恭　宏

目　次

はしがき ……………………………………………〔橋本恭宏〕…v

I　契約の目的についての覚書
1　はじめに …………………………………………………………1
2　旧民法における目的 …………………………………………3
(1)　目的と原因　3
  (a)　フランス民法との対比　4
  (b)　債務のコオズと契約のコオズ　7
    ①　債務のコオズ　(8)　／②　契約のコオズ　(10)　／③　ボアソナアドの見解　(12)
(2)　原因と動機　15
(3)　小括——目的と動機　17
3　現行修正民法における目的 ………………………………19
(1)　原因の削除についての経緯　19
  (a)　法典論争　19
  (b)　パンデクテン方式への移行　21
  (c)　原因概念の否定　23
(2)　ドイツにおける目的に関する学説の推移　27
  (a)　ヴィントシャイトの前提論　27
  (b)　行為基礎論　31
    ①　エルトマンの行為基礎論　(31)　／②　ラーレンツの行為基礎論　(33)

目　次

　　　(3)　日本における目的　35
　4　まとめにかえて……………………………………………………39

Ⅱ　EC 各国における原因概念
　1　本稿のねらい………………………………………………………49
　2　原因概念（notion de la cause）…………………………………50
　　(1)　概　要　50
　　(2)　フランス法グループ　52
　　　(a)　フランス　52
　　　　①　債務の原因（52）／②　契約の原因（54）／③
　　　　原因の立証（56）／④　効果（56）
　　　(b)　ベルギー・ルクセンブルグ　57
　　　(c)　オランダ　58
　　　(d)　イタリア　59
　　(3)　イギリス法グループ　61
　　(4)　ドイツ法グループ　62
　　　(a)　ドイツ　62
　　　　①　債務の原因（63）／②　契約の原因（64）
　　　(b)　デンマーク　65
　3　まとめにかえて……………………………………………………65

Ⅲ　フランス判例法における委任報酬減額について
　　　──給付間の対価牽連性を中心として──
　1　はじめに……………………………………………………………81
　2　判例における理論構成の推移……………………………………85
　　(1)　初期の判例　85
　　　(a)　自然法的公平観念　85

viii

　　　　(b)　委任の無償性　86
　(2)　現在に至る判例の根拠　87
　(3)　職種別適用について　87
3　学説の変遷とその論拠……………………………………88
　(1)　初期における学説の対応　88
　(2)　肯定説　89
　　(a)　コオズ理論　89
　　(b)　公平観念　91
　　(c)　当事者の条件の不均衡　92
　(3)　否定説　93
　(4)　若干の整理　94
　　(a)　コオズとレジオン　94
　　(b)　レジオンとしての構成　95
4　まとめに代えて…………………………………………96

Ⅳ　契約当事者間における相互依存関係についての一考察
　　　——駐車場契約を例として——

1　はじめに……………………………………………………101
2　駐車場契約の法的性質……………………………………103
　(1)　駐車場契約の類型　103
　(2)　駐車場契約の法的性質とその特徴　111
3　対価と相互依存関係………………………………………116
4　まとめと展望………………………………………………119

Ⅴ　使用貸借関係の解消について

1　はじめに……………………………………………………125

目　次

2　立法者意思 …………………………………………………128
3　判例にみる終了・解約事由 ………………………………133
　（1）近時の訴訟における争点　133
　（2）情誼関係の破綻・希薄化　135
　　（a）597条2項但書類推適用　135
　　（b）当事者の交代　139
　（3）相当期間の経過　142
　　（a）建物所有の目的　142
　　（b）総合的判断　146
4　まとめにかえて …………………………………………147

あとがき……………………………………………〔平井一雄〕…157

契約の目的

I 契約の目的についての覚書

1 はじめに

　財産出捐行為の背後に存在する「目的」について，これがどの程度まで法律行為の内容に取り入れられるべきなのか。すなわち，この「目的」から離反するような結果が生じた場合には，どの程度まで法律効果に影響を与えうるのか。換言すれば，「目的」とは法律上どのような意味を有するのか，について，契約法の観点から考察を加えようとするのが本稿の底流をなす課題である。

　利益法学主流の今日において，あえてかような問題を選んだ理由の一つには，近時，法律行為における意思理論が再検討されるようになったことがあげられる[1]。

　意思理論において動機や動機も含んだ意味での真意という概念は用いられている。しかしながら，目的という概念については，理論の対象としてとりあげられることはほとんどなく，動機をも含めた広義の意思表示形成過程においても，目的なる用語は日常用語とされ[2]，法律用語としての認知を受けていない。ここでは，目的は，動機や真意という概念と同義であるか，もしくはオーバーラップされているとみることができる。これに反して，契約法において，目

I 契約の目的についての覚書

的はその概念が漠然とはしているものの一般にその存在が認められていることは確かである。はたして，動機もしくは真意と目的とを全く別個のものとしてとりあつかってよいものであろうか。意思表示形成過程（意思決定）の一ファクタァという点からしても，何らかの同質性を有するものとしてみる必要があるのではないだろうか。すなわち，より広い観点からいえば，民法上における「目的」の位置付けを明らかにしておく必要があるのではないだろうかと思われる。

次に，第二の理由として，契約法上「目的」を問題としている法律構成がいくつか見受けられるが，そこで用いられている個々の目的概念の相互関連性について，またそこでいう目的の概念規定は，これまで余り明確には，なされてきていないということがあげられる。

日本民法において「目的」なる概念が契約法上とりあげられている法律構成としては，たとえば，事情変更の原則（事情変更の一類型としての目的達成不能）[3]，目的不到達による不当利得返還請求[4]，目的到達法理[5]などがあげられる。これらはいずれも（目的到達法理の目的は他のものとは幾分意味合いを異にするが），契約における目的を何らかのかたちで法的効果の側面にとりこもうとする法律構成であるということができる。すなわち，日本民法の目的の法的意味や位置付けは，確かに不明瞭であるが，かといってそれを全く無視してしまうと，既成の法制度だけでは蔽いきれず，結果妥当性において極めて不合理な状態となる場合が生じる。そのような場合に，妥当な結果へと調整する機能を有するものとして，これらの法律構成がなされているといってよいであろう。しかし，ここで契約の目的という同じ名のもとで論じられているこれら諸構成であっても，

その適用場面の違いから相互の目的概念が必ずしも完全に一致するものであるとはいえないように, 思われる。そうだとすると, 目的概念について諸構成間の相互関連性を検討する必要があるのではないだろうか。なぜなら, その相互関連性を明らかにすることにより, 契約法における目的概念の確定化の一助ともなりうるであろうし, それと同時に, これら諸構成においても, その適用されるべき範囲が, 幾分でも鮮明になると思われるからである。

しかしながら本稿においては, これらの問題点に関する考察の一つの端緒として, 日本法における「目的」概念の歴史的経緯を当面辿るものに止めたい。

なお, 本稿にいう「目的」は, 債務の目的などと使用されている目的 (Objekt, objet) ではなく, Zweck, but の意味での目的であることは断るまでもないであろう。

2 旧民法における目的

(1) 目的と原因

日本法において,「目的」は, 当初, 原因 (cause) 論の中に包含されていたといってよいであろう。

旧民法財産編第304条第1項に掲げられていた合意の成立要件には,
　第一　当事者又ハ代人ノ承諾
　第二　確定ニシテ各人カ処分権ヲ有スル目的
それに加えて,

Ⅰ 契約の目的についての覚書

第三 真実且合法ノ原因

というものがあげられていた。

そこで，この原因とは何か，について検討しなければならないのであるが，周知の如く旧民法は，いわゆる法典論争の結果，結局は施行されることなく終わり，また，現行民法への修正過程において，この「原因」も法文上から削除されたといういきさつがあったため，日本法上，原因についての学説上の検討は余り多くなされていない[6]。そこで旧民法典の起草者たるボアソナアドの註釈書より原因についての説明をとりあげる前に，同種概念を法文上採用している，というよりもむしろ，旧民法(典)の母胎ともいうべきフランス民法におけるコオズ理論と前記旧民法の規定とを対比することをもって，原因につき説明・検討の資料としたい。

(a) フランス民法との対比

旧民法財産編第304条に対応するものは，フランス民法第1108条である。

そこで，原因 (cause) 概念を対比するためには，両条の同質性について多少なりとも検証しておく必要があろう。ところで，Projet (Projet de Code Civil Pour l'Empire du Japon. t. Ⅱ) art. 325は，全くそのまま旧民法財産編第304条に採用されているので，比較の便宜のため以下この両者を掲げる。

・Projet de Code Civil Pour l'Empire du Japon
　Art. 325. al. 1ʳᵉ. Trois Conditions sont nécessaires à l'existence des convention en gènèral:
　1　Le consentement des parties ou de leur représentant

2　旧民法における目的

2　Un objet certain ou déterniné et dont les parties aient la disposition,

3　Une cause vraie licite.

・Code Civil français
・Art. 1108 Quatre conditions sont essetielles pour la validité d'une convention:

Le consentement de la partie qui s'oblige;

Sa capacité de contracter;

Un objet certain qui forme la matière de l'engagement;

Une cause licite dans l'obligation.

まず一見して気付くことは，C. C. art. 1108 に掲げる「契約者の能力（capacité de contracter）」という要件に相当するものが，Projet にはみあたらないということである。これは，両条の要件の性質にかかわるものと思われる。すなわち，Projet では「合意の成立に必要なもの（nésessaires à l'existence des convention）」としているのに対し，フランス民法は「合意の有効性のために本質的なもの（essentielles pour la validité d'une convention）としている。つまり，Projet art. 325 は成立要件のみをとりあげ，有効要件については，以下のように別個のものとして次条（Projet art. 326，旧民法財産編第325条）に掲げ，錯誤及び強暴のないこと（第1号）と，当事者の能力（第2号）を規定している。

Art. 326. Indépendamment des conditions nécessaires à l'existence de la convention, deux conditions sont requises pour sa validité:

I　契約の目的についての覚書

1　L'absence d'erreur ou de violence viciant le consentement.
2　La capacité des parties ou leur valable représen tation.
La lésion ne vicie les conventions que dans les cas déterminés par la loi.

　一方，フランスにおいても，「契約者の能力」という要件は，成立要件ではなく，合意の保護を目的とする有効要件であり，その意味では，C. C. art. 1108 の他の要件とは異質なものであることが指摘されている[7]。

　かようにみてくれば，合意の成立要件としての各三つの要件——consentment（承諾），objet（目的），cause（原因）——について，各号の多少の表現の差異はあるとしても，内容において，両条は，ほぼ同様の趣旨であることが窺われる。ただ，特記すべき点といえば，cause（原因）につき，Projet においては，licit(e) に加えて vrai(e) なることを要求している。これは，C. C. art. 1131 に対応するものと思われる。

　Art. 1131. L'obligation sans cause, ou sur une fausse cause, ou sur une cause illicite, ne peut avoir aucun effet.

　すなわち，ここに掲げている「虚偽の原因（une fausse cause）」を，Projet では成立要件にまわし，あるべき姿の原因を一括して掲げているものとみなしてよいであろう。つまり，Projet. art. 325. al. 1re では，合法でしかも真実の原因が存在することを合意の成立要件の一つとして，C. C. art. 1108 と同 art. 1131 の両条の趣旨を反映させているものと考えられる。このことは逆に，C. C. art. 1108 と同 art. 1131 とを対比してみれば，原因の欠缺（sans cause）と不適法な原因（une cause illicite）については，規定が重複していると

2 旧民法における目的

もいえるのであり,その点では,Projet の体裁の方がより整備されたものであるということができよう。

いずれにしても,Projet がフランス民法典をふまえて起草されているだけに,少なくとも,両条(C. C. art. 1108 と Projet. art. 304)及びその関連条文については,Projet(すなわち旧民法典)の方が,幾分明晰にできているということがいえても,内容においては異質なものを含んでいるとはいえないであろう。

(b) 債務のコオズと契約のコオズ

フランス民法上のコオズ理論は長い歴史をもち深遠なものがある[8]。ここでそのコオズ理論を仔細に検討することは,「目的」概念を探ろうとする本稿の趣旨からは離れることになるから,本稿の趣旨に沿うかぎりでコオズ理論の概略をみていくことにする[9]。

コオズ理論は,ドマ(1625-1696)により提唱されたと言われ,以後フランス民法典においても承認されたわけであるが,その後,これを否定するアンチコオザリスト達の徹底的な反論を浴び,一時は死滅したかにみえたが,ネオコオザリストの出現もあり,今日に至るまでコオザリスト(ネオコオザリストも含めて)とアンチコオザリストの論争は続いている。

現在フランスにおいて,アンチコオザリストとネオコオザリストの対立があるにせよ,コオズには二種の性質を有するものが存在することが一般に承認されている[10]。しかし,その類別に関する用語は統一されておらず,学者によりまちまちに使用されている。すなわち,抽象的コオズ(cause abstraite)と具体的コオズ(cause concrète),客観的コオズ(cause objective)と主観的コオズ(cause subjective),債務のコオズ(cause de l'obligation)と契約のコオズ

I 契約の目的についての覚書

(cause du contrat), 直接的コオズ (cause immédiate) と動機 (mobiles) などといわれているものである[11]。本稿では, このうち債務のコオズと契約のコオズという用語を使用していくことにする。

① 債務のコオズ

債務のコオズとは, 契約当事者が債務を負うための理由 (raison) であり, 換言すれば, 「何故契約当事者が, かような債務を履行することを約束したのか」という問に対する答であるとされる。そしてまた, 債務のコオズは同じ契約類型下にあっては, 常に同一であり, かつその類型も大別すれば, 次の三つになる。すなわち, 双務契(contrat synallagmatique), 片務要物契約(contrat réel unilatéra1), 無償契約 (contrat à titre gratuit) とに分けられ, 検討がなされている。

双務契約において, 当事者各々の債務のコオズは, その相手方にもたらされた約束 (engagement) である。たとえば, 売買契約では, 売買される物を引渡す債務は代金を支払う債務のコオズとなり, 逆にまた, 代金支払債務は物の引渡債務のコオズとなる。つまり, 相互に負う債務は, 互いのコオズとなるのである。

片務要物契約において, 債務のコオズは, 物の引渡にある。たとえば, 貸借契約において, 貸与された物を返還すべき借主の債務のコオズは, 貸主からのこの物の引渡にあることになる。すなわち, この物の引渡がなければ貸借契約はコオズがないため無効ということになる。

無償契約において, 債務のコオズは, 処分者を導いた動機から抽出された無償の意図 (l'intention liberale) であり, 贈与者が債務を負うのは, 無償給付をなしたいからである。

2 旧民法における目的

もちろん，これに対してアンチコオザリストたちからの批判がみられる。それを要約すると，およそ次のようになる。

双務契約において，契約当事者の各債務が互いに相手方の債務のコオズとなるということは論理的に不可能である。なぜなら，両債務は，契約成立とともに，両者同時に発生するものであるから，このことはすなわち，原因と結果が同時存在することになり，論埋矛盾（cercle vicieux）をおこすことになる。

要物契約において，物を受け取ることが返還債務のコオズとなるといわれているが，受け取らなければ契約は成立しないのである。換言すれば，この引渡こそ，契約の成立要件なのではないのか。

また，無償契約においては，動機と区別せらるべき無償の意図というものが判然としない。などの疑問が呈示され，結局アンチコオザリスト達からいわせれば，コオズなる概念は，契約成立にとって有用なるものではないとの結論を導き出すに至っている。

以上を概観してもわかるように，債務のコオズについては本稿のテーマである契約の目的とは，それ程の関連性をもつものではない。そこで，債務のコオズについてこれ以上立ち入ることはしないが，上記のまとめにかえて，現在の有力な学説の一つであるマゾオの所説の結論部分のみを引用し，債務のコオズ理論における一つの方向性を示すことにする。

マゾオによれば，無償契約において，無償の意図の欠缺などは，合意（consentement）の欠缺によってカバーできるから，コオズ理論は有用性をもたない。このことは要物契約においても同様であり，事実行為たる物の引渡により契約は成立するのであるから，コオズ理論に有用性はないとしている。しかしながら，片務諾成契約においては，自然債務のような場合を考えたときに，有用性は生じてく

Ⅰ 契約の目的についての覚書

るし, 双務契約においても, 各債務は相互依存 (l'interdépendance) の関係を説明するものとして, コオズ理論を有用としている。

惟うに, かようなコオズ理論は, 英米法における consideration 法理と比較対照されるべきものであろう[(12)]。

② 契約のコオズ

契約のコオズとは, 契約の合意をなすにあたり契約者をして決定せしめた動機 (motif) であるとされる。すなわち, 当事者が契約によって達成したいと願っている目的 (but) である。そしてこの契約のコオズにあたるものが, 法律によって禁じられているものであったり, 善良なる風俗や公の秩序に反するものであった場合には, 不適法な (illicite) コオズであるとされ (C. C. art. 1133), その契約自体が無効となる (C. C. art. 1108) のである。

ここで問題となるのは, 契約のコオズが存在するというためには, 不適法な動機もしくは目的が相手方に知られていなければならないか否かということである。純理論的に考えれば, 相手方がそれを知っていようがいまいが全く無関係であろうが, 判例においては, その契約が有償であるか無償であるかという区別をもうけて考えているようである。すなわち, 有償契約については, ある程度契約の安全性を確保したいがため, かような不適法な動機を相手方が知っている場合にかぎり, 契約の適法なコオズたりえず無効であるとしている。さらに, 破毀院においては, 不適法な動機を知っていた相手方だけにかぎらず, 知るべきであった者をもこの範疇に入れている。すなわち, 換言すれば, 契約の無効を主張しうる相手方は, 表意者の不適法な動機につき, 善意かつ無過失であらねばならないということになる。そしてこの知るべきであるという注意義務は, 社

念通念のもとで（dans la commune opinion）評価されるものであるとしている。

一方，無償契約においては，相手方が不適法な動機を知っていたか，もしくは知るべきであったかということは余り重要なことではないとしている。すなわち，無償契約の場合，不適法な動機もしくは目的によってなした行為は，相手方の善意・悪意および過失の有無を問わず，無効となるのである。無償契約が無効になった場合，相手方は給付物の返還をしなければならないことは当然であるが，この場合，対価が与えられていないのだから，互いに損失が生じないとする。そして，この点に，有償契約の場合よりも無償契約の場合をより厳格にとりあつかう理由があるとしている[13]。

なお，フランス民法典再編委員会の草案においても，有償行為と無償行為とは区別せらるべきであり，有償行為については，当事者が知り，または知るべきであった場合に限り返還が可能であると規定している（第43条第2項）[14]。

以上のように，契約のコオズとは，当事者の契約にむけられた動機——その動機も限定的に，推進的（impulsif）もしくは決定的（determinant）な動機としているが——であり，その動機が法律効果に影響を与えるか否かについては，有償契約と無償契約とに差異をもうけることが，フランスにおいて一般に承認されているといってもよいであろう。このことは，本稿の結論に少なからず影響を及ぼすものであることをあらかじめ注記しておきたい。しかしながら，ここで注意すべき点は，コオズ（原因）の問題はあくまで契約成立次元の問題であるということである。その点，目的が契約成立次元の問題なのか契約成立後の問題なのかという検討は残されている。

しかし，カルボニエの指摘によれば[15]，このコオズ理論は，ド

Ⅰ 契約の目的についての覚書

イツ民法成立後,エルトマンなどの学説に影響を与え,これに類似する理論（行為基礎論）[16]が構築されたことにより,重要な実用的帰結を演繹しているとする。この指摘は,コオズ理論と目的とを結ぶ示唆に富むものとして評価したい。

③ ボアソナアドの見解[17]

旧民法典の起草者であるボアソナアドは,原因（cause）[18]について次のような注釈を加えている。

「合意ノ原由（cause）ハ結約者ヲシテ其合意ヲ承諾スルニ決意セシムル理由（raison）ナリ結約者ノ達セント欲セシ目的（but）ナリ凡ソ契約ハ漠然之ヲ為スモノニアラス必スヤ為スノ理由アリテ之ヲ為スモノニシテ概ネ心情ノ満足,金圓上ノ満足,交誼上ノ満足ヲ目的トスルモノタリ」[19]

これをみるかぎりにおいては,ボアソナアドが,コオズ（原因・原由）を債務のコオズと契約のコオズに分離して考えるべきという,先にみた理論を知っていたか否かは不明であるにしても,少なくとも,それらを区別した上で論述していないことがわかる。ただ上記表現において「結約者ヲシテ其合意ヲ承諾スルニ決意セシムル理由」とは債務のコオズのことであり,「結約者ノ達セント欲セシ目的」とは契約のコオズのことであるととれなくもない。いずれにしても,ボアソナアドがコオズ（原因・原由）についてコメントを加えている多くは,先述のようにコオズを二分した場合の債務のコオズについてであることが,以下に掲げる引き続いてのコメントからも判明するところである。

「贈与又ハ過失ニ関スル随意ノ賠償ニ於テハ満足ハ純然道徳上ニ係ルモノナリ総テ有償名義ノ契約ニ於テハ満足ハ金圓上ノモノ

2 旧民法における目的

ナリ又恩恵ノ性質ヲ有セス且ツ毫モ利益ヲ得セシメス只社会ニ占ムル地位又ハ或ル二三ノ人トノ交際ニ因リ為シタル或ル契約ニ於ケル満足ハ交誼上ニ係ルモノナリ例ヘハ一地方ノ費用ノ為メ或ハ建碑事業ノ為メ或ハ学芸ノ又ハ文学ニ係ル結社ノ為メ醵金スルカ如キ即是ナリ

又快楽傲慢又ハ奢侈ヲ為スヲ目的トスル合意アリ此種ノ合意ハ恐クハ合意中最屢アルモノナルヘシ」[20]

ここで、有償契約については、ごく簡単に触れているにすぎない。これは、先にもみたようにフランスにおいても、有償契約に関しては債務のコオズも存在価値が認められているのであり、それと同様の趣旨ではないにしても、比較的説明のしやすいものであることによるものであろう。一方、無償契約については、フランスにおいても、アンチコオザリストから、コオズと動機の区別が困難であると指摘されたように、ここでも、有償契約についてのコメントよりも、歯切れの悪さを感じさせる。

しかしながら、以上のことは債務の原因についての問題である。前にも述べたように、本稿のテーマである目的は、債務の原因よりも契約の原因における問題としてとらえられるべきものである。そこで、契約の原因について触れられている部分といえば、原因が適法であるか否かについての箇所であるが、ボアソナアドはこの点について次のように述べている。

「不正ノ原由（cause illicite）ハ最モ見易クシテ且屢々現出シ得ヘキ者ナリ而シテ不正ノ原由ハ有名ノ契約ニ於テモ無名ノ契約ニ於テモ見ル所ナルヘシ

爰ニ重立タル二個ノ場合アリ第一ハ結約者ノ一方カ不法ノ所為ヲ行フコトヲ約シタル場合即是ナリ右ノ所為タルヤ此結約者ノ為

I　契約の目的についての覚書

ニ義務ノ目的物 (l'objet) トナルヲ得ス又合意ノ目的物トモナルヲ得ス何トナレハ結約者ハ其目的物ノ処分権ヲ有セサレハナリ又此所為ハ通易物中ニ非ラサレハナリ而シテ此所為ハ同時ニ他ノ一方ノ求ムル所ノ結果即チ達セントスル目的ナリ然ルニ其目的ハ此一方ノ為メニハ合意ノ不正ナル原由 (cause illicite) ナルヲ以テナリ第二結約者カ合意ノ効カノ全部又ハ一分ヲ制禁シタル未必條件 (condition prohibée) ニ関セシムルトキハ合意ノ原由ハ不法ナリ何トナレハ凡テ未必ノ條件ハ時トシテ合意ノ主タル原由トナリ時トシテハ従タル原由トナルコトアルヘシト難トモ其主従二個ノ場合ニ於テ何レモ不正ナル原由トシテ合意ヲ無効ナラシムル可ケレハナリ但若シ甲者カ犯罪ヲ為スナラハ (il commet un délit) 若干圓ヲ与ヘント約スルト甲者カ犯罪ヲ為シタルカ (il aura comis un délit) 故ニ若干圓ヲ与ヘントノ間ニハ毫モ真ノ差異アラサルナリ」[21]

しかし，ここにいう第一の場合は，目的に相応するコオズとは異なった場面を指すものである。すなわち，債務のコオズに該当するものであり，他人の物の売買を典型とする債務のコオズがないといわれるものにあたる。つまり，売ってはいけないものを売買の対象としているわけであるから不法であるとしているわけであるが，ここでの問題は，不法のコオズの問題とするよりも，むしろ，処分権のないものとして，合意の他の成立要件である目的 (objet) の問題とするか，真実の原因が存在しない（虚偽の原因である）とすべき問題であり，これらはいずれも，今日の法律構成からみた場合，不法ではなく，所有権移転が可能か否かという不能の問題としてとりあつかわれるものであるといえよう。

第二の場合が，不適法の契約のコオズにより無効とされる場合である。これは現行民法では，第90条における動機の不法の問題とし

てとりあつかわれているものである（但し，ボアソナアドの例によれば，第132条の不法条件にもかかわってくる）。旧民法が修正を受けて，パンデクテン方式の現行民法となった時点で，原因は契約の分野からはずされ，法律行為の分野へと移行したのであるが，そこでは，原因，目的という概念が動機という概念へと転化され，原則的には法律効果に影響を与えない「動機」としてとらえられている。

　この点については後に詳述することとして，ここでは，原因と目的の関係について，簡単ではあるがまとめておきたい。

　原因（コオズ）と呼ばれるもののうち，契約の原因は，契約当事者が契約によって達成したいと望んでいる目的であるとされている。しかし，原因は，あくまでも契約の成立要件としてあげられているものであるから，成立次元の問題であり，契約成立以後の問題は含まれていないと考えなければならない。一方，目的は，契約成立次元の問題も勿論含むのであるが，それはまた，「目的にそった履行であるのか否か」という問題によって，履行のなされた後にまでも及ぶものでもある。そこで，契約の成立次元に問題を絞った場合，目的という広範囲の意味をもつ概念は，動機という「契約の締結にむけられた」概念へと収歛されることになるのである。

　かように考えていけば，目的は，原因と同質の概念を含んではいるものの，問題の次元の相違から，目的そのものの概念規定はされず，また法的認知も受けられなかったということができるのではないだろうか。

(2)　原因と動機

　フランスにおいては，先にもみたように，契約のコオズは，推進

I 契約の目的についての覚書

的,決定的という限定はつきながらも動機そのものであるとする意見が有力である[22]。

これに対し,ボアソナアドは再三にわたり,原因と動機は峻別しなければならないとしている[23]。これは一つに,動機は法律効果に影響を及ぼさないというテーゼと,原因は契約の成立要件の一つであるとするフランス民法の態度とのはざまで,贈与のような無償契約において原因と動機との区別が判然としないことのジレンマによるものとも思われる。ボアソナアドは原因と動機の峻別を次のように説いている。

「是ヲ以テ能ク遠因(motif)ト原因(cause)トヲ区別スルハ甚タ重要ナリ

上文ニ合意ノ原由(cause)ハ結約者ヲシテ合意ヲ為スニ確定即決定セシムル理由ナルコトヲ見タリ然レトモ其理由ハ直接ノ決定理由ナルコトヲ会得ス可シ遠因(motif)ハ吾人ヲシテ契約ヲ為サシムル間接即遠キ理由ナリ

普通語ニ於テハ人ノ所為ニ適用セル原由(cause)及ヒ遠因(motif)ノ語ノ同義ナリ然レトモ法律語ニ於テハ之カ区別ヲ為サ、ル可ラス而シテ之ニ行為ノ理由ト云フ共通ノ名目ヲ付シ以テ直接ノ行為又ハ間接ノ行為遠キ行為又ハ近キ行為ノ関係ニ就テ之カ差異ヲ定メリ又概シテ合意ニハ唯単一ノ原由(cause)ノミアリト雖トモ常ニ遠因(motif)ノ近キヨリ遠キニ及ヘルモノ数多アルコトヲ注意セサル可ラス」[24]

ここでわかることは,ボアソナアドがcauseという語を用いた場合,少なくともこの部分に関する限り債務のコオズしか念頭においていなかったのではないかということである。すなわち,「合意ニハ唯単一ノ原由ノミアリ」ということは,債務のコオズについては

いいえても，契約のコオズについてはあてはまらないのである。すなわち，債務のコオズは，各契約類型下においては一つしか存在しない客観的なものとされているからである。そうだとすると，ボアソナアドは，不法な原因（cause illicite）について論ずるにあたって，ここでいう原因（原由・cause）とは異質なものであるということを認識した上で論じてはいなかったとも思われる。

いずれにしても，ここに紹介したような程度の原因と動機の峻別論では，以後の日本の法学者を充分に納得させることができず，結局は民法修正過程において原因が排除され，現行民法上採用されなかった理由ともなったのである[25]。

少なくとも原因について論ずるならば，フランスにおいてコオズが検討されたように，有償契約のような場合はまだしも，無償契約の場合には，動機との区別はあきらめざるをえなかったのではないか。ただ，これは債務のコオズについてのことであり，契約のコオズについては，それが法律効果に影響を与えうるか否かは別として，動機としかいいようのないものであろう。

(3) 小括——目的と動機

原因[26]と動機と目的の三者関係を，これまでみてきた範囲内で，ここに整理をしてみたい。原因とは，フランス民法および旧民法においては，契約成立要件の一つとしてあげられており，契約当事者間での債権債務関係の発生原因である。それは法律関係と生活関係とを有因的に結びつけ，生活関係における事実を法律関係の一部にとりこんだものともいえよう。すなわち，本来，法の関知しない生活関係上のものを，法理論の基盤としているのである。しかし，そ

I 契約の目的についての覚書

の原因には，客観的であるがため画一的処理が可能な原因（債務のコオズ）と，主観的であるがため画一的処理が困難な原因（契約のコオズ）の二種のものが内在している。前者は，それ故に法律関係へとりこみやすい（法的な構成が容易である）ともいえ，そのためか，ボアソナアドが原因論について述べる場合は，前者のみを対象として考えていたように思われる。後者について，ボアソナアドは原因として意識しておらず，むしろ法律論から排斥しようと考えていたようであるが，フランスにおいては，動機としてとらえられている。

　動機とは，意思表示を形成する原因であり，本来法律効果に影響を及ぼさないものである。それはボアソナアドの指摘にもあるように，「近キヨリ遠キニ及ヘルモノ数多アル」のであり，画一的把握は困難に思われる。

　フランスにおいては，この動機のなかで最も推進的（impulsif）であり決定的（déteminant）なもののみに限定して，動機に法的効果を与えようとしている（但し，有償契約・無償契約，善意・悪意，有過失・無過失の類別的適用であるが）[27]。しかし，それも，何が推進的で決定的なのかの判断が困難であると同時に，内面的要因である動機と法に要請される取引の安全との調和をはかることも困難な問題であるといえる。

　ところで，このような原因と動機の間で，目的はどのような位置に存するのであろうか。これまでみたところによれば目的はこれらの二つの概念のなかで，説明の道具としてしか使用されていない。それ故日常用語として把握されても仕方のないものであるのかもしれない。しかし，それは，目的が契約締結において動機とほぼ同様の意味内容であること，そしてまた目的は，契約締結次元だけでな

く,以後履行に至るまで関与しうるもの(それが法的効果に影響をもつか否かは別として)であることなどにより,その概念のもつ漠然性に起因しているものと思われる[28]。

かように考えれば,原因,動機,目的の三者関係は,次のようになりはしまいか。すなわち,原因と目的とは異種の概念であるが,互いに重なりあう部分が存在する。その重なりあう部分が,すなわち動機であり,重なりあわない部分の原因が債務の原因としてとらえられているものである。そしてまた,重なりあわない部分の目的は,契約成立後の問題となりうる目的,すなわち,本稿のテーマとする目的であると思われる。

かような推論の帰結として,各類似の概念間で同質性を有する部分は同様な法的処理を,異質性を有する部分はその趣旨にそった変更をするのが,妥当な解決を導くものであるということができよう。

3 現行修正民法における目的

(1) 原因の削除についての経緯

(a) 法典論争[29]

旧民法草案中,ボアソナアドが起草した部分(財産編,財産取得編,債権担保編,証拠編)については,内閣並びに元老院の審議を経たのち,明治23年4月21日付の官報によって公布されるはこびとなった。ただその施行については,これより2年7ケ月余り後の明治26年1月1日からということになっていた。しかるに,このころより,本法施行に不満をもつ人々からの施行延期を叫ぶ声が一段と

I　契約の目的についての覚書

高まり[30],所謂法典論争の激化をまねくことになったのである。この法典論争については,これまで多くの論者によってとりあげられてきたところであり[31],一面的把握は許されないことであるとともに,本稿の趣旨とも直接の関係を有しないのであるから,その詳細は省き,経過事実のみを略述する。

　法典論争は,明治25年5月16日,施行延期派議員から「民法商法施行延期法律案」が帝国議会に提出されたことによって,議論の場を帝国議会へと移したのであった。貴族院では三ケ日間にわたる大論議の末,賛成多数で可決され,衆議院においても,その趨勢は変らず,延期法案は賛成多数で可決された。よって同年11月24日付の御裁可公布により,法典施行は明治29年12月31日まで全面延期されることになり,ここに法典論争の幕を閉じたのである。そこで,翌26年3月には,内閣に法典調査会が設置され,ここを中心として民法修正編纂作業が行われることとなり,起草委員として・穂積陳重,富井政章,梅謙次郎の三氏が任命された。

　そこにおける民法典編纂作業の大綱は,およそ次のようであった[32]。

　まず,民法典編纂方針としては,はじめから民法典を編纂しなおすのではなくて,旧民法典を基礎とし,それに必要な修補・修正を加えることとした。また編纂方式を旧民法のインスティテューティオーネン方式（Institutionenmethode）からパンデクテン方式（Pandektenmethode）に変更することや,法典の条文を,原則・変則・疑義を生じるような事項に関する規則のみを掲げ,定義・種別・引例などは削除することとし,条文の簡略化につとめることにした。そしてまた,旧民法が,フランス民法一辺倒であったことにも延期派からの非難が向けられたという配慮もあって,ドイツ民法第一草

3 現行修正民法における目的

案・第二草案，スイス債務法，オーストリー民法等すでに当時近代法制をしいていた諸国の法をも広く参考とすることとした。

ボアソナアドの起草した旧民法が，何故，採用されなかったかについては，これまで多くの分析がなされており，この点も本稿の趣旨からはずれるのでとりあげないが，まとめにかえて，若干のコメントしておくならば，当時の日本が，資本主義発展過程であり近代化路線を歩みはじめたばかりの時期であって，旧民法の個人主義，権利主義等の思想が，当時の日本の実情には"斬新すぎた"ためであろうと思われる[33]。

(b) パンデクテン方式への移行

何故，旧民法のインスティテュティオーネン方式からパンデクテン方式へと編纂方式を移行させたのか，理由はいくつか考えられるものの[34]，その点を明らかにする資料は見当らない。

修正民法典は，ザクセン民法並びにドイツ民法第一草案等の編別にならったパンデクテン方式により，総則編，物権編，債権編，親族編，相続編の五編に分けられたのであるが，本稿で問題としてきた旧民法財産編上の「合意」については，これらのうちの二つ——総則編と債権編——に分けて規定されることになった。その点について，立法者は次のように説明している。

「既成法典（注，旧民法典）ハ其財産編第二部ニ於テ合意ニ関スル規定ヲ設ケタリト雖モ総テノ法律行為ニ通用スヘキ規則ヲ設ケス是レ甚タ遺憾トスル所ナリ蓋シ私法上ノ行為ハ合意ノミニ非ス或ハ寄附行為ノ如何人ニモ対セサル単独行為アリ或ハ催告又ハ追認ノ如キ一定ノ人ニ対スル単独行為ニシテ契約ニ於ケル如ク相手方ノ承諾ヲ必要トセサルモノアリ既成法典ハ固ヨリ此等ノ行為

I 契約の目的についての覚書

ノ有効ナルコトヲ認メサルニハ非スト雖モ其通則ノ設ケキニ至リテハ一大欠点ト謂ハサルヲ得ス本案ニ於テハ特ニ総則編ヲ設ケ私権ノ得喪及ヒ行使ニ関スル通則ヲ掲クルコトトシタルニ因リ茲ニ一般ノ法律行為ニ通用スヘキ規定ヲ載スルハ当然ノ事ト信シタリ」[35]

また，用語上の問題として，旧民法上の「合意」は修正民法において「契約」と改められた。[36]

そこで，先（2(1)）にみてきた旧民法における「合意」は，修正作業によりどのような変更を受けたか，簡単にふれておきたい。

① 承諾（財産編第304条第1項第1号「当事者又ハ代人ノ承諾」——成立要件）

契約が，当事者の申込と承諾，すなわち意思の合致により成立することについては，修正民法でも同様であることには疑いはない。しかしながら，承諾が契約の成立の為に必要であることは，むしろ自明の理であって，法文上これをとりあげるのは体裁上好ましいものではないというのが立法者の意見であり[37]，現行修正民法においては，申込と承諾の変則についてのみ第521条以下に規定しているのである。

② 目的（財産編第304条第1項第2号「確定ニシテ各人カ処分権ヲ有スル目的」——成立要件）

目的についても，上記承諾と同様な理由から，法文より削除されている。立法者は承諾と合わせて，次のようないささかセンセーショナルな表現を用いてその理由を述べている。

「……一切ノ契約ニ必要ナル要件ト云フモノハ合致ト目的トノ二ツニ帰スルタラウト思フ併シ是ハトウモ明文ヲ要シナイコトテアラウト思フ契約ニ合致カ要スルトカ目的カナクテハナラヌトカ

3 現行修正民法における目的

云フ様ナコトヲ言ヒ出シテハ法典ハ一万条ニナツテモマタ足ラヌ……」[38]

現在では，目的それ自体の必要性は当然の前提であり，その確定性，可能性，適法性をもって，債権の成否の要件としている。

③　原因（財産編第304条第1項第3号「真実且合法ノ原因」——成立要件）

次項（(c)）にて詳述する。

④　錯誤，強暴（財産編第305条第1号「承諾ノ瑕疵ヲ成ス可キ錯誤又ハ強暴ノ無キコト」——有効要件）

合意の有効要件としての錯誤，強暴のないことという点については（旧民法において，詐欺は原則的には無効・取消原因とはならなかった——財産編第312条第1項），単に合意（契約）のみに限らず法律行為一般についてもいえることであるという理由から[39]，総則編第4章法律行為第2節意思表示に修正移行させている。

⑤　無能力（財産編第305条第2号「当事者ノ能力アルコト又ハ有効ニ代理セラレタルコト」——有効要件）

無能力についても，上記錯誤，強暴と同様に，合意（契約）についてのみ適用されるのではなく，法律行為一般についても広く適用されるべきであるとの理由から[40]，総則編第1章人第2節能力に修正移行されることとなった。

(c)　原因概念の否定

旧民法典における合意に関する規定について，修正が加えられたもののうち，重要なものとして二つの点があげられよう。一つは，上記のように，錯誤等の規定が法律行為の通則という地位にあるため，総則編に移ったということであり，いま一つは，この「原因」

23

Ⅰ 契約の目的についての覚書

という概念が否定されたという点である[41]。

　旧民法典の合意の成立要件中，すでにみてきたように，「承諾」と「目的」とは法文上から削除されたものの，これらは実質上は認められているのであって，単に体裁の上から削除されたにすきないのである[42]。しかるに，原因については，法文上はもとより，概念上もこれを認めなかったのであるが，その理由は，およそ次のようである。

　「……（旧民法財産編）第三百四条ニ於テハ合法ノ原因ヲ以テ其成立条件ノ一ト為シタリト雖モ所謂合意ノ原因ハ要スルニ契約ノ意思，目的物又ハ縁由ノ外ニ出テス或学者ハ説ヲ為シテ曰ク売買ノ場合ニ於ケル原因ハ代価及ヒ物ナリト果シテ然ラハ売買ノ原因ト目的物ト毫モ択フ処ナキナリ又多数ノ唱フル所ヲ聞クニ贈与ノ原因ハ利益ヲ得ントスルコト及ヒ善ヲ施サントスルコトニ在リト云ヘリ然レトモ所謂利益ヲ得又ハ善ヲ施スハ一ノ縁由ニ外ナラス又曰ク売買ノ原因ハ所有権ヲ得ントスルコト及ヒ代金ヲ得ントスルコトニ外ナラスト若シ果シテ此ノ如クハ売買ノ原因ハ売買ノ意思ニ外ナラサル可シ之ヲ要スルニ原因ヲ以テ契約ノ特別ナル一ノ成立条件ト為スハ其当ヲ得サルモノト謂ハサル可カラス最近ノ法典ニ於テハ契約ノ成立ニ原因ノ存在ヲ必要トスルコトヲ規定セス採テ以テ模範ト為ス可キモノト謂フ可シ……」[43]

　この「原因」概念の削除について法典調査会内で反対が全くなかったわけではないのであるが[44]，「契約の成立」に関する討議上では，実質的な内容に関しての反対は出ず，形式的な問題についての質疑がかわされたにすぎなかった。すなわち，承諾，目的については，これを実質上認めながらも，形式上，法文の体裁という観点から削除しているのであり，これと法文上も概念上も削除した原因

3 現行修正民法における目的

との間で、法文解釈の上で混乱が生じるのではないか、もっとすすんでいえば、そのような混乱を生じさせないために、契約の成立要件を明文化しておいた方がよいのではないか、という程度のものであった[45]。

このように、さほどの異論もなく原因は契約の成立要件からはずされてしまったのであるが、なお、原因概念の不必要性について岡松博士のまとめたところをみると、およそ次のようである。

① 有償契約において、要約の原因はまた諾約の原因となるのであるから、たとえ原因が契約の要素であるとしても、各々の原因を認める必要はなく一個で足りる。

② 契約は、結約の意思すなわち私法上の行為を発生させようとする意思を要素とし、有償契約においては、そのなかに、相手方から給付を受けようと欲する意思も含まれるのであるから、あらたに原因という概念をもちださなくてもよい。

③ 無償契約において、諾約者の直接の目的は相手方に恩恵を与えることにあるとするのは単に外面上のことであり、直接の目的たる真の意思は各人区々であって、ここにおける原因は縁由と区別することが困難である。

④ また、原因が、契約の意思や縁由と区別することができるとしても、なお不必要なものである。なぜならば、原因を欠く契約は常に当事者の真正な意思からでたものでない。真正な意思からでたものではない場合を法律上保護するためには、なにも原因概念をもちだしてきて説明する必要はないのであって、一般意思表示の要素としての意思、表示、意志と表示の一致、任意の表示があるとすることで足り、原因をもって特に契約の要素とする必要はない[46]。

かような原因不要論は以後、学界において定着していたかにもみ

I 契約の目的についての覚書

えるが,そうともいいえない解釈がみられる。たとえば,神戸博士は,

「旧民法ハ合意ノ成立要件トシテ真実且合法ノ必要トナシタリシカ（旧民財三〇四条）現行民法ニ於テハ特ニ原因ヲ必要トナス旨規定セル法条ナシ故ニ一見スルトキハ現行民法ハ原因ナル観念ヲ全々排斥セルノ観ナキニアラスト雖モ実ハ否ラス現行民法ハ旧民法ニ所謂合意ノ原因ハ通例契約ノ内容ヲナスモノナルカ故ニ之ヲ以テ合意ノ独立セル一個ノ成立条件トナスノ必要ナシト認メタルニ過キス（民法理由書契約成立ノ部参照）故ニ法典上ニ於テハ原因ナル文字ナキモ尚ホ独逸民法ニ所謂原因若クハ目的ナル観念ハ学理上現行民法ニ於テモ亦勿論之ヲ認メタルモノト解セサル可ラス」[47]

として,原因概念を立法者が全く否定しているものではないという見解を開陳している

一見,立法者たちと矛盾した解釈にもみえるが,これは本稿で先に検討してきたように,原因を二種に分けて考えればよいかと思われる。すなわち,立法者並びに岡松博士の見解は,原因を債務の原因（cause de l'obligation）に限定してとらえ,これを契約の成立要件から除外した。このことは,旧民法においてボアソナアド自身も原因を主として債務の原因のみに限定して考えていたふしもあり,それの継続としてとらえられよう。一方,神戸博士のいう原因は,むしろ契約の原因（cause du contrat）についてであり,これは,立法者及び岡松博士のいう「契約ノ意思」に含まれるものと解される。

かように,一部の学者によって,契約の原因は意識されてはいたものの[48],むしろ,法律行為の原因論を排斥する風潮におしながされて,これから契約の目的概念へと発展させるものは,以後余り

みられなくなった。

ところで、日本の民法学が外国法より受けた影響は近代法典の存在しなかったわが国の実情を顧みれば、周知の如く当初より多大なものがあった。旧民法の作成時までは、その主流がフランス法にあったことは容易に窺知しうるところである。しかし、旧民法の施行延期後、修正作業に至り、修正民法が旧民法を基盤としているとしても、フランス法の影響は次第にうすれていき、それにかわって、イギリス法、ドイツ法の影響を多く受けるようになった。特にドイツとは、国情、法典の編纂方式等の類似もあったせいか、これ以後ドイツ法の影響が大きく、学界の趨勢もドイツ法全盛期へと入っていくわけである[49]。

そこで、この時期の日本法を語るには、多少なりともドイツ法について概観しておかなければ、日本法の正確な歴史的経緯が辿れないのではないかと、思われる。そのような意味で、次にドイツ法における「目的」について略述する。

(2) ドイツにおける目的に関する学説の推移[50]

(a) ヴィントシャイトの前提論

ヴィントシャイトは、ローマ法におけるカウサ (causa)[51]やフランス法におけるコオズ (cause)[52]をもとに、前提論 (Voraussetzungslehre) なる独自の理論を構築した。この前提論については、これまで、あるものは不当利得論において[53]、またあるものは事情変更の原則において[54]、さらにまたあるものは錯誤論において[55]、日本の文献上紹介されており、ここであらたに掲げることには、何ら新鮮な価値を有するものではない。しかし、前述の如く

I 契約の目的についての覚書

本稿の趣旨である「目的」並びにそれと同種概念の歴史的経緯の一端として，同時にドイツ法の日本法に与えた影響を考えれば，簡単ではあるにしても触れておかねばならない必要性を感じる。(56)

ヴィントシャイトによれば，前提（Voraussetzung）とは，展開されざる条件（unentwickelte Bedingung）である(57)。すなわち，条件にまでは至らないまでも，意思表示をなすに至った基礎的な事情である。条件と前提とは，一定の状況下においてのみ表意者の望んだ法的効力が存在すべきことを意図しているのであり(58)，意思の制限（Willensbeschränkung）という機能を有する点では共通性をもつが，条件が，「……ならば，私はしよう」というように，条件成就により法的効力を発生もしくは消滅させるのに比べて，前提は，「私はしよう。しかし……でないなら，私は欲しなかったであろう」というように，法的効力の発生もしくは消滅自体を一定の事情のもとにかからしめることはしていない(59)。ただ，そのような場合には，現実の意思（wirklicher Wille）が，真意（eigentlicher Wille）に反することになるのであって，法的効力の存在は，形式的に正当とされても，実質的には正当な基礎がないことになるから，表意者に抗弁権等の法的効果を生じさせようとするものである(60)。

また前提は，意思表示をなすに至った基礎的な事情である点で，動機とも類似する概念である。しかしながら，前提は意思表示内容にとり入れられ，相手方にも認識可能でなければならないのであり，意思表示の内容をなさない動機とは異なるのである(61)。

よって，前提は，条件と動機との中間的な位置を占めるものであるといえる。

前提は，明示的に意思表示に付された場合はもちろん，黙示的であってもよい。その場合，意思表示の他の内容——第一目的（die

3 現行修正民法における目的

erste Absicht) としてとらえられるもの——から生ずるものと，意思表示に随伴する事情から生ずるものとがある[62]。第一目的とは，ヴィントシャイトのあげる具体例によれば，「①贈与をする目的（贈与の目的でなされた出捐が利得者により贈与として受けとられない場合には，その目的は達せられない），②義務を履行する目的，③義務を創設する目的，④受領者に反対給付をなさしめる目的，⑤終意処分の条件に従う目的，⑥給付されたものが受領者の下で一定の機能を果たすという目的（手附 arrha や嫁資 dos の場合），⑦受領者に，ある権能の行使を確保したり，容易にしたりする目的」[63]などがあげられている。また，意思表示に随伴する事情から生ずるものの例として，ローマ法の例から負担付贈与をあげている。すなわち，「出捐にさいし受領者に負担がなされる場合には，この負担の履行が出捐の前提を形成する。負担は，表意者により，出捐と離れがたく結合されるので，その履行なしに出捐が存在することは，ローマ法の見解によれば，その真の意思に適合しない」[64]，としている。

また前提の予定する状態は，実際的・法律的，積極的・消極的，過去・現在・未来を問わない[65]。

前提の効果としては，意思表示により損失を受けた者は，当該請求権に対して抗弁がなしうるし，また，積極的にその者の方からも法的効力の取消をもとめることもできる[66]。

この前提論は，ドイツ民法第一草案に一部とり入れられたが[67]，学説の多くは，むしろ，この前提論には批判的であった。その代表的なものとして，レーネルがあげられる。レーネルによる前提論反対説の論拠は，およそ次のようなものである。

まず，ヴィントシャイのいう前提とは動機にほかならないとする[68]。終意処分において動機の錯誤が行為を撤回できることは確

I 契約の目的についての覚書

かであるが，生者間においては，公平の原則より動機が顧慮されるべきではない。それは，相手方に認識可能であるという限定によっても，動機が条件へと高められない以上は，動機であることには変ることがなく，法的に意義のないものである。そのような意味からして，条件と動機の中間物（Mittelding）なるものは存在しないのである[69]。

また，ヴィントシャイトの前提論は，condictio の causa の論理構成として立論されたものであるが，ローマ法において causa の欠缺を理由とする給付返還請求権は，相手方が causa を認識しうることを要件としてはいない[70]。

以上のような両者の論争は，ヴィントシャイトの死によって終結したが，結局，前提論はドイツ民法第二草案には採用されなかった。

ところで，ヴィントシャイトの前提論が，ローマ法のカウサはもとより，フランス法のコオズにも基礎をおいていることは，前にもふれておいたが，それでは，前提とコオズとの相関関係はどのようなものであるか，簡単に述べてみたい。

まず両者の効力発生次元についてであるが，コオズ理論は，契約成立要件たるコオズについての理論であるから，契約成立・不成立の問題としてとりあつかわれる。これに対して，前提論は，契約成立には直接関わりをもたず，むしろ法的効力の妥当な処埋を目指しているといえる。

次にコオズを債務のコオズ（cause de l'obligation）と契約のコオズ（cause du contrat）に分類することが許されるならば，前提は後者により親しいものといえよう。その際，これらはいずれも動機にほぼ類似する概念——いずれにおいても，決定的動機（entscheidendes Motiv,[71] mobile determinant）[72]という用語が使用されている

——であって，それに法的効力を与えることは，取引の安全とのバランスが問題となる。コオズ理論においては，その場合，有償契約と無償契約に分けて処理していることは前に（2(1)(b)②）述べた通りであるが，前提論においては，生者間における処分と終意処分の差異を論じているにすぎない。前提論が，この取引の安全とのバランスを当時の法学者たちに納得させえなかったところに，通説たりえなかった理由もあるといえる。

　しかし，いずれにしても，表意者の現実の意思が真意から遊離した場合，表意者を現実の意思の範囲内に拘束することは妥当でなく，しかも単に法的処理が困難であるという理由だけで放置しておくわけにはいかないであろう。ヴィントシャイトが「ドアから投げ出されても，窓から再び入ってくる」[73]と予言しているが，事実，前提論は，エルトマンの行為基礎論によって再びかたちをかえて蘇生したのである。

(b) 行為基礎論
① エルトマンの行為基礎論

　エルトマンによれば，「行為基礎（Gesckäftsgrundlage）とは，行為の締結のさいに現われ，相手方によってその重要性が認識され，しかも異議を述べられなかった一方当事者の前提観念（Vorstellung），もしくは数人の当事者に共通の前提観念であって，行為意思がそれにもとづいて築かれる一定の事情の存在または発生に関する前提観念である」[74]とする。

　行為基礎論は前提を発展させた理論として提唱されたものであるが，行為基礎が前提とちがうところは，第一に，前提は意思表示の内容となるのに対して，行為基礎は，法律行為の締結の要件ではあ

I 契約の目的についての覚書

るが，法律行為の内容とはならないこと，第二に，前提は，表意者側からの事情であり，それについて相手方の認識可能性を要するとするのに対し，行為基礎は，両当事者の共通の事情もしくは，一方当事者が，その事情の重要性を認識し，相手方が異議を唱えないことを要すること，である[75]。

また，条件との対比は，前提と条件との対比とほぼ同様である。そしてまた，動機との対比については，動機が法律行為をなすにあたり積極的要因であるのに対し，行為基礎は，もしそうでなければ意思決定をしなかったという程度の消極的要因としてとらえられる点も，動機と前提との対比に類似する。しかし動機が内心的，一方的であるのに対し，行為基礎が，本来的に双方的であり，その点は前提が認識可能性という要件により双方的構成をとっているのと異なる[76]。

ところで，エルトマンは行為基礎の根拠を条文上に求めた[77]。そのため，基本的には解除権が認められるとしながら，それと同時に各条文の効果にも従うという解釈上妥当な帰結を導き出す柔軟な態度が窺われる。

行為基礎論は，前提論に対する批判に応えたものとして，構築されたものであるが，行為基礎論にもまた，前提論にむけられたのと同様の批判がみられる。

まず，行為基礎論は，あくまで当事者の前提観念を基礎において考えるのであるから，当事者の前提観念を基礎としなかったような事情――天災等による行為基礎の脱落――には適用可能性がないし，それをも含めるとするならば，当事者の前提観念に擬制をしいることになる，とする。

また，取引の安全という観点からすれば，行為基礎論は，前提に

おける認識可能性よりも強化した「相手方によってその重要性が認識され，しかも異議を述べられなかった一方当事者の前提観念，もしくは数人の当事者に共通の前提観念」を要するとしたのであるが，それでもなお広すぎる，という批判がなされた[78]。

しかし，エルトマンの行為基礎論は，第一次世界大戦後のインフレーションのさなかで出されたためか，多くの賛同を得，判例にも採用された[79]。

② ラーレンツの行為基礎論

エルトマンの行為論における欠点を補ったかたちで登場したのが，ラーレンツの行為基礎論である。ラーレンツは行為基礎を二つの態様に分類した。すなわち，主観的行為基礎と客観的行為基礎がそれである。

「主観的行為基礎とは，両当事者に共通の一定の前提観念（Vorstellung）ないし期待であり，それに導かれて両当事者が契約を締結するにいたったものである。必要なのは，どの当事者もこの前提観念ないし期待を自らの考量に採り入れていたということ，そしてその当事者が〔自己の観念ないし期待の〕誤りに気づいていたならばその契約〔自体〕を，ないしこの内容のままで，締結するようなことはなかったであろう。あるいは，誠実な人であれば，その契約〔締結〕を相手方当事者にもとめはしなかったであろうということである。〔契約〕諸関係の将来の変更を単に予期しなかったというだけでは十分ではない。単に一方当事者の動機だけでは，たとえ相手方がその動機を知り且つ『異議をとなえなかった』としても，十分ではないのである」[80]

一方，「客観的行為基礎とは，契約が——契約両当事者の意図し

Ⅰ　契約の目的についての覚書

た意味において——十分意味ある規律としてなお存立しうるために，その存在ないし存続が客観的に必要とされるところのすべての事情を意味する」[81]。そして，この客観的行為基礎が脱落する場合として，等価関係の破壊（die Zerströrung des Äquivalenzverhältnisses）と，契約目的の到達不能（die Unerreichbarkeit des Vertragszweckes）の二つの場合をあげている[82]。

ところで，ラーレンツの分類に従えば，エルトマンによる行為基礎論は，本来的には主観的行為基礎類型をその射程距離としているのだが，客観的行為基礎類型に属するものをも包含する可能性を残している。その際には，当事者の前提観念が擬制されるのであって，そこに，エルトマンの行為基礎論の弱点があったものといえる。

以上のように，ラーレンツの行為基礎論によって，「行為基礎」の法的な位置が，一応の確立をみたといってもよいであろう。しかし，行為基礎論は，ドイツにおいて，定説的地位を得たわけではなく，現在に至るまで，その論争は続いている[83]。だが，本稿は，ドイツにおける行為基礎論の変遷をその直接の目的としているものではなく，むしろ，その日本法に与えた影響について主眼があるわけであるから，ラーレンツ以後についてふれないことにする。

契約目的に関するドイツ法の流れをヴィントシャイト→エルトマン→ラーレンツに代表させて概観してきたわけであるが，ここに，再度それらを要約すれば，次のようになる。

まずヴィントシャイトは，カウザを前提として構成し，動機と条件との中間的位置においた。それは，意思表示の内容をなし，現実の意思と真意との齟齬が生じた場合に，その修正機能を有する法的効力を与えた。しかし，意思表示の内容としたために，動機との比較，ひいては，取引の安全とのバランスにおいて，困難な問題を残

3 現行修正民法における目的

してしまった。それは，前提論が頑なに心理主義的意思表示理論に立脚していたためとも解される。次にエルトマンは，ヴィントシャイトの前提論に浴せられた批判の上にたち，行為基礎概念を意思表示外のものとして構成し，それに条文上の根拠を加えて行為基礎論を構築した。しかし，この理論も，主観的な意思表示理論にその基盤を有していたために，ヴィントシャイトに向けられたのと同様の批判がなされた。そこで，ラーレンツは，行為基礎を主観的・客観的の二態様に分け，類型的把握を試みた。ラーレンツの分類によれば，契約目的は，主観的行為基礎となる当事者共通の動機，もしくは，客観的行為基礎となる客観的契約目的として契約解釈の問題とされることになる。

結局，ドイツ法のかような流れは，真意と現実の意思に齟齬が生じた場合，当事者の真意と取引の安全とのバランスをとる一つのメルクマールとして，目的概念を発展させてきたといえる。そこには，フランス法におけるような原因にたちもどって——成立要件として——，それを処理するということではなく，成立した契約の効力を修正する機能をもつものとして，目的をとらえているということになろう。

(3) 日本における目的

旧民法が現行民法へと修正されて以後，目的概念を内在する原因概念についての論議は，旧民法の名残りのように継続されてはいたが，その後は契約目的へと問題が転化されることなく消滅した。もっとも，旧民法起草にあたって，ボアソナアドが，原因に契約目的（契約のコオズ）の意味を余り含ませていなかった（2 (2)参照）

Ⅰ 契約の目的についての覚書

ことから，法典調査委員会内でも，もっぱら債務のコオズについて論議がなされたのであり，契約目的（もしくは契約のコオズ）については未検討の部分が多かったことにも起因していた。また，契約目的は動機とも関連しているのであるが，その動機についても，「動機の不顧慮性」という命題を頑なに守り，動機の内容について，十分な検討がなされなかったところにも，以後日本法上，旧民法から継続したかたちでは，契約目的が問題となりえなかった要因でもあろう。結局，日本法上，契約目的が法解釈学の俎上にのぼったのは，ドイツ法からの影響によるものが多大であったと思われる。

そこで，この契約目的に関連するものとして，不当利得における「法律上ノ原因」，動機の錯誤における「真意」，事情変更の原則における「契約目的」をとりあげ，以下，簡単に歴史的経緯を中心として概観する[84]。

まず，不当利得の要件中にある「法律上ノ原因」についてであるが，その解釈において，周知の如く，これを統一的にとらえる多数の学説があった[85]。その論議のなかで，この「法律上ノ原因」と法律行為の原因が対比・検討されてきたわけであるが，法律行為の原因が現行民法の起草委員以来の一貫した態度として，不必要なものであるとの見解であったため，「法律上ノ原因」はこれに拘泥することなく，多岐にわたる解釈論が展開されてきた。現在に至っては，公平説が通説であるとされつつも，なお，類型的把握が必要であるとする見解が有力である[86]。この類型的把握に従って契約目的をあてはめた場合，「出捐の目的」[87]と競合する部分が存在する。しかしながら，この出捐の目的は，結局，債務のコオズと契約のコオズを含む「原因」である。すなわち，当初より目的が欠けている場合の目的は，債務のコオズの問題であり，目的が不到達に終っ

た場合の目的は，契約のコオズである。前者においては，他の法的構成により，無効・取消・解除原因が存しているが，後者においては，「解除条件というほど明確な合意内容はなく，客観的にみて一定の目的が達成されることを前提としてなされるものである場合には，目的不到達による不当利得が成立する」[88]として，他の法的構成によらずして，目的不到達を法律上の原因のないこととしている点が注目される。これは「ローマ法の無名要物契約において認められていたものの残滓にすぎない」[89]と説明されているのであるが，むしろこれが認められてきたことは「法律構成の純化が不充分であった」[90]という認識のうえにたち，積極的に，目的を法律上の原因とするような新たな法律構成が考えられるべきであろう。

次に，錯誤論において，動機は効果意思と峻別され，そこに画された一線をもって，法的効力の有無が決せられてきた。それは，「動機は意思表示の内容とはならない」という命題からの強い要請によるものであった。しかし，要素の錯誤が検討されていくのに伴い，次第に，動機も考慮されるようにはなったものの，やはり，動機が表示された場合という限定をもって要素の錯誤たりうることとなり，また，それが取引の安全とのバランス上の限界点でもあった。これに対し，舟橋教授らは次のような理由をもって通説を批判した[91]。(i)内心的効果意思と表示との不一致をもって錯誤の問題とすべきではなく，動機も含めた真意と表示の不一致をもって錯誤とすべきである。蓋し，判例上錯誤が問題となるのは，ほとんどがかような事例である。(ii)動機が千差万別であることにより，動機の錯誤を認めることは，取引の安全を害するとするが，それはすべての錯誤についても等しくいえることである。(iii)動機を表示すれば，動機の錯誤も顧慮されるとするが，取引の安全を強調するのであれば，

Ⅰ 契約の目的についての覚書

他の錯誤についても同様にいいうることであるから、動機の錯誤のみに表示を要求することは、首尾一貫していない。かような見解に従えば、動機も真意という名の下に意思表示の内容となりうることになる。すなわち、これを契約上の問題とすれば、契約目的もまた、法的効力をもちうることになる。しかしながらここで注意をしなければならないのは、錯誤は、あくまでも契約の成立要素たる意思表示にかかわる問題である。すなわち、契約成立次元に真意と表示に不一致はなかったが、履行期までに、不一致が生じた場合についても、動機の錯誤の問題として取扱うことができるが、動機と目的の差はそのような場合に生ずるのではないかと思われる（2 (3)の参照)。

最後に、事情変更の原則について。エルトマンの行為基礎論の影響を受け、しかも、それを批判しつつ、わが国独自の法的構成をなした勝本正晃博士の定義によれば、「事情変更の原則とは、主として債権関係を発生せしむる法律行為が為されたる際に、其法律行為の環境たりし事情が、法律行為の後、其効果完了以前に当事者の責に帰すべからざる事由により、予見し得ざる程度に変更し、其結果当初の意義に於ける法律効果を発生せしめ、又は之を存続せしむることが、信義衡平の原則上、不当と認めらるゝ場合に於て、其法律効果を信義衡平に基づきて変更せしむることを云ふ」[92]とする。この説は多くの賛同をえ、学説上確固たる地位を築いた[93]。この原則の要件としての「事情の変更」について言及するならば、すなわち、契約の基礎たる客観的事情の変更であり、当事者の主観的事情の変更は含まれない。これをエメンリッヒの提案のもとに類型的検討を加えた五十嵐教授の説に従えば[94]、(ⅰ)経済的不能、(ⅱ)等価関係の破壊、(ⅲ)契約目的の到達不能、というメルクマールの存立が可

能となる。経済的不能については,本来の不能としてとらえられる場合が多いため,また,等価関係の破壊については,客観的事情の変更の契約に与える不均衡を容易に認定できるため,この原則の適用は認められやすい。しかし,契約目的の到達不能については,契約目的自体が今なお曖昧であるため,適用可能性の判断はむつかしいものがあるといえる。

4 まとめにかえて

　本稿では,契約の目的について,日本法を中心としてその歴史的経緯を概観してきたわけであるが,その問題提起は古くからなされてきたにもかかわらず,今なお未解決の部分を残しているといえる。それは,意思理論がいまだ古くて新しい問題を孕む[95]ことにも関連している。また,これまで原因,動機,目的の概念区別が明確でなく,渾然としたかたちでそれらの用語が使用されてきたことにもよろう。それと同時に,不当利得,法律行為,事情変更のような相互に関連しうる可能性をもつ法的構成において,総合的な検討がなされてこなかったことによるものとも思われる。

　論者自身,契約目的にどのような法的効力を与えてよいものか,また,契約目的の定義すら明確に把握する基準を今のところ有しているわけでもない。ただ,渾然と使用されてきた原因,動機,目的についての用語は,それぞれ別個の概念をもたすべきであり,それぞれの射程距離を明確にしておくべきであろうと考えているぐらいである（2(3)の参照）。

　ところで,本稿において,契約の目的を検討するにあたり,有償

I 契約の目的についての覚書

契約・無償契約の区別は設けなかったのであるが,論者の興昧は,むしろ無償契約の目的にあることを明記し,今後の課題としたいと考えている。

現在の日本法上,無償契約に有因性を認めていない。すなわち,財産出捐に関しては,必ず,その目的(原因)が存するわけであるが,それとは関わりなく無償契約は成立する[96]。無償契約の典型とされる贈与についてこれを考えてみた場合,確かに原因行為が先になされていれば,問題は生じないであろう。しかし,原因行為が後になされる場合,その原因行為を条件(もしくは負担)にしておかなければ,贈与は原因行為の不成就をもって撤回ができない。諸外国で認められている忘恩行為等による撤回[97]が認められていないわが国においては,それが客観的事情による場合であれば事情変更の原則も考えられるが,相手方の主観的事情によるものであれば,もはやなすすべもないことになる。これに関して本稿でとりあげた諸構成中,目的不到達による不当利得構成がもっとも有力な手掛りとなりそうであるが[98],そのためには,むしろ積極的に目的不到達を決定する新しい構成が必要であると思われるからである[99]。

〔注〕
(1) 最近の問題提起として,たとえば伊藤進「法律行為の基礎理論」ジュリスト731号84頁以下。
(2) 幾代通・民法総則218頁。
(3) 参照,五十嵐清・契約と事情変更。ただし,目的達成不能類型を事情変更の原則に導入しているのは,同「事情変更の原則の再検討」法学教室〈第2期〉8号37頁以下。

なお,この類型はドイツにおける行為基礎論に従っているようである。Vgl. Karl Larez; Geschäftsgrundlage und Vertragserfüllung, 3

4 まとめにかえて

　Aufl. 1963. 邦訳として，神田 = 吉田訳・行為基礎と契約の履行，がある。

（4）　婚約破棄による結納の返還の事例で，判例上認められている。たとえば，最判昭和27年4月25日民集6巻4号451頁。

（5）　たとえば，半田吉信「目的到達法理の史的発展」法経研究4号27頁以下，5号21頁以下，6号15頁以下，7号1頁以下。

（6）　岡松参太郎・民法理由下巻400頁以下などに散見しうるにすぎない。

（7）　Henri, Léon & Jean Mazeaud; Leçons de droit civil. 1978. t. II: 1er. vol. p. 94.

（8）　たとえば，Henri Capitant; De la cause des obligation, 1927 など文献は多数あり，また概説書においても必ず cause について若干の頁がさかれている。

（9）　コオズ理論を紹介するものとして，稲葉彬「フランス契約法における Cause 理論」法学新報79巻2号85頁以下，がある。また，コオズを「契約関係の構成原理」という把握のもとに書かれた，川村泰啓「追奪担保体系・権利供与体系と日本民法典㊂～㊆」ジュリスト624号106頁以下，625号118頁以下，630号145頁以下，635号129頁以下，636号133頁以下がある。

　cause に関する以下の叙述は主として，Mazeaud; op. cit., pp. 239 et suiv. によって要約した。以下逐次の引用箇所は示さない。

（10）　C. C. art. 1131 と同 art. 1133 とを対比すれば明らかとなろう。

（11）　Jean Carbonier; Droit civil, 1976. t. 4, p. 98.

（12）　この点の検討は，川村・前掲論文に詳しい。

（13）　Mazeaud; op. cit., p. 251 によった。Civ. 1re civ. 4. déc. 1956. J. C. p. p. 572 et suiv.

（14）　Mazeaud; op. cit., p. 252. 原典が入手できなかったことを自戒しながら，お断りしておく。

（15）　Carbonier; op. cit., pp. 107-108.

（16）　Paul Oertmann; Die Geschäftgrundlage, 1921. その後，Larenz; a. a. O. に至った。

Ⅰ 契約の目的についての覚書

(17) ここでは，先の Proiet を邦訳するつもりであったが，すでに刊行されている邦訳本『ボアソナード氏起稿再閲民法草案注釈』財産編があるので，それを引用した。多少，適訳でない部分もあるが，原文で補なえる部分は原文を添えた。また，活字の都合により，表記において必ずしも一致しない部分もある。

(18) フランス民法典・Projet → cause（コオズ），旧民法典→原因，再閲民法草案→原由となっているので，各場面で使い分けたつもりであるが，必ずしも使い分けがうまくできてはいない。

(19) Projet. t. II, p. 71, 再閲民法草案注釈・第二編人権一部上巻102頁。

(20) Projet. t. II, ibid, 再閲民法草案注釈・第二編人権一部上巻102〜103頁。

(21) Projet. t. II, p. 73, 再閲民法草案注釈・第二編人権一部上巻104頁。

(22) コオズと動機（motif）とは区別せられるべきとするのが通説であるが，その内容は債務のコオズと動機の区別であり，契約のコオズと動機の区別は明確になされておらず，本質的には同質とみなしうる。Cf. Jacques Flour; Les obligations I, 1975 pp. 195 et suiv.

(23) Projet. t. II, p. 73, 再閲民法草案注釈・第二編人権一部上巻107頁，Projet. t. III p. 242 再閲民法草案注釈・財産獲得編476頁など。

(24) Projet. t. II, p. 92, 再閲民法草案注釈・第二編人権一部上巻139〜140頁。

(25) 富井政章（発言）「……所謂其原因ノ何タルニ付テハ諸学者ノ説ク所カ中々不明瞭テアリマス何程沢山ノ書物ヲ読ンテモトウシテモ分ラヌ斯ウ云フ一種独立ノ要素ト云フモノヲ促ムコトカ出来ヌ……」民法議事速記録23巻159丁裏。

(26) すでにコオズと原因とは同種の概念であることを検証しえたと思う。今までフランス法上でこの概念ができた場合「コオズ」もしくは「cause」を使用してきたが，この項ではそれらも含めて，「原因」という用語を使用する。

(27) Cf. Flour; op. cit., p. 195.

4 まとめにかえて

(28) 目的（Zweck）について種々のものがあることの指摘として，たとえば，Larenz; a. a. O. SS. 91-108.

(29) この問題に関して文献は多数あるが，ここでは，主に，穂積重遠・法窓夜話，星野通・明治民法編纂史研究，同・民法典論争史，中村菊男・新版近代日本の法的形成，青山道夫「民法典論争㈠，㈡」法学セミナー9号50頁以下，10号50頁以下，宮川澄・旧民法と明治民法，大久保泰甫・ボアソナアド（岩波新書）などを参考にした。

(30) その中核をしめていたのは，東京大学法学部，英吉利法律学校を中心としたイギリス法派であった。その理由とするところは，「⑴新法典ハ倫常ヲ壊乱ス，⑵新法典ハ憲法上ノ命令権ヲ減縮ス，⑶新法典ハ予算ノ原理ニ違フ，⑷新法典ハ国家思想ヲ欠ク，⑸新法典ハ社会ノ経済ヲ攪乱ス，⑹新法典ハ税法ノ根原ヲ変動ス，⑺新法典ハ威力ヲ以テ学理ヲ強行ス」というものであった（星野・明治民法編纂史研究466頁以下）。

(31) 石田穣「法典編纂と近代法学の成立・民事法」日本近代法史講義（石井紫郎編）103頁，及び108頁の（注）21，22参照。

(32) 穂積博士の意見書（法窓夜話「九十九法典編纂」参照）のもとに，法典調査会で決定した「法典調査ノ方針」（星野・前掲171頁以下参照）に従って修正がなされた。なお，実質的な変革については，福島正夫「日本資本主義の発達と私法（九・完）」法律時報25巻11号80頁以下参照。

(33) 大久保・前掲185頁以下参照。

(34) パンデクテン方式が当時もっとも近代的な編纂方式であったことが主要な理由と思われる。

(35) 民法修正案理由書上第四章法律行為13-14頁。

(36) 主査委員会議案「乙第十二号一，既成法典中ノ合意ナル語ヲ契約ト改メ債務ノ創生ヲ目的トスル合意ニ就テハ特別ノ名称ヲ設ケサルコト」。

(37) 民法議事速記録23巻160丁裏。

(38) 上記同所。

Ⅰ　契約の目的についての覚書

(39)　民法修正案理由書上第四章法律行為14頁，同下第弐章契約2頁。
(40)　民法修正案理由書下第弐章契約2頁。
(41)　民法議事速記録23巻159丁表以下。
(42)　注(37), (38)参照。
(43)　民法修正案理由書下第弐章契約2頁以下。
(44)　たとえば，民法議事速記録23巻64丁裏以下の磯部発言。
(45)　民法議事速記録23巻169丁表以下。
(46)　岡松参太郎・民法理由下巻400頁以下。
(47)　神戸寅次郎「無因契約論」神戸寅次郎著作集（下）563頁。
(48)　特に，石坂音四郎「法律行為ノ原因ト不当利得ニ於ケル法律上ノ原因」民法研究第1巻245頁以下は，原因について詳細な検討がなされてはいるものの，契約目的を積極的に認めるものではない。
(49)　北川善太郎・日本法学の歴史と理論参照。
(50)　ここでは，断りをしてある通り，極めて概略的にドイツ法上の理論を紹介するにとどめている。そこで，すでにこれらについて紹介されている日本の諸文献をも参考にしているのであり（注(25)～(27)参照），特にそれらの文献を意識的に引用した部分は当然のことながら注記したが，その他，無意識的に類似する表現があったとしても，一般的な理論の紹介であるということをもって御海容願いたい。

　そのような趣旨のもとに，特に訳文においては，自己の訳と意味が違わない限り，先人の訳を使用させていただいた。

(51)　Vgl. Bernhard Windscheid; Die Lehre des römischen Rechts vor der Voaussetzung. 1850. Vorwort.
(52)　Vgl. Windscheid; Zur Lehre des Code Napoleon vor Ungültigkeit der Rechtsgeschäfte. 1847.
(53)　石坂・前掲352頁以下，松坂佐一・不当利得論282頁以下ほか。
(54)　勝本正晃・事情変更の原則179頁以下，五十嵐清・契約と事情変更75頁以下ほか。
(55)　磯村哲「動機錯誤と行為基礎」法学論叢76巻3号24頁以下。
(56)　以下の諸説において，clausula rebus sic stantibusとの対比は省

(57) Windscheid; Lehrbuch des Pandektenrechts. 9. Aufl., 1906.（以下 Pandekten という）Bd. I. S. 510.
(58) Wlndscheid; a. a. O., S. 510.
(59) Windscheid; Die Voraussetzung. AcP. 78. 1892. S. 195.
(60) Windscheid; Pandekten. Bd. I. S. 510.
(61) Windscheid; Die Voraussetzung. AcP. 78. S. 195.
(62) Windscheid; Pandekten. Bd. I. SS. 511-513.
(63) Windscheid; a. a. O., S. 512. 五十嵐「事情変更の原則と不当利得」不当利得・事務管理の研究(3)92頁。
(64) Windscheid; a. a. O., S. 513. 五十嵐・前掲同所。
(65) Windscheid; a. a. O., S. 511.
(66) Windscheid; a. a. O., S. 510.
(67) Vgl. Motive zu dem Entwurfe eines Bürgerlichen Gesetzbuches für des Deutsche Reich. Bd. II. S. 842ff.
(68) Lenel; Nochmals die Lehre von der Voraussetzung. AcP. 79. 1892. S. 50.
(69) Lenel; a. a. O., S. 51.
(70) Lenel; a. a. O., S. 50.
(71) Lenel; Die Lehre von der Voraussetzung. AcP. 74. 1889. S. 222.
(72) Mazeaud; Leçons de droit civil. 1978. t. II: 1er. Vol. p. 250.
(73) Windscheid; Die Voraussetzung. AcP. 78. S. 197. 五十嵐・契約と事情変更79頁。
(74) Oertmann; Die Geschäftsgrundlage. 1921. S. 37. なお, 五十嵐・前掲88頁参照。
(75) Oertmann; a. a. O., S. 27. 五十嵐・前掲88-89頁。
(76) Oertmann; a. a. O., SS. 27-28. 五十嵐・前掲89頁。
(77) Oertmann; a. a. O., S. 62ff. 五十嵐・前掲90頁。
(78) Larenz; Geschäftsgrundlage und Vertragserfüllung. 3. Aufl., 1963. S. 8ff. 神田博司＝吉田豊訳・行為基礎と契約の履行15頁以下, 五十嵐・前掲94頁以下参照。

Ⅰ　契約の目的についての覚書

(79)　五十嵐・前掲94頁以下参照。
(80)　Larenz; a. a. O., S. 184. 神田=吉田訳・前掲265頁。
(81)　Larenz; a a. O., S. 185, 神田=吉田訳・前掲265-266頁。
(82)　Larenz; ibid. 神田=吉田訳・前掲266頁。ここでの分類用語は，本文中の標題によった。Vg1. Larenz; a. a. O., S. 78ff.
(83)　ラーレンツ以後については，五十嵐・前掲120頁以下参照。
(84)　民法90条における「動機の不法」についても，問題となりうるが，しかし，この場合は動機そのものの問題よりも，法のもつ公共的利益からの要請の問題であろう。
(85)　鳩山秀夫・日本債権法各論下巻792頁以下，松坂・前掲270頁以下ほか参照。
(86)　広中俊雄・債権各論講義375頁，川村泰啓「不当利得返還請求権の諸類型(1)」判例評論76号83頁以下ほか。また近時のものとして，加藤雅信「類型化による一般不当利得法の再構成(1)〜(15)」法学協会雑誌90巻7号1頁以下，12号15頁以下，91巻1号69頁以下，9号48頁以下，92巻8号1頁以下，93巻5号1頁以下，94巻9号37頁以下，95巻12号25頁以下，96巻4号1頁以下，10号95頁以下，97巻7号59頁以下，11号42頁以下，98巻1号79頁以下，3号42頁以下，4号1頁以下
(87)　我妻榮・債権各論下巻一987頁以下。
(88)　我妻・前掲993頁。
(89)　広中・前掲376頁。
(90)　加藤・前掲(5)法協92巻8号12頁。
(91)　舟橋諄一「意思表示の錯誤」九州大学十周年記念論文集32頁以下。その他川島武宜「意思欠缺と動機の錯誤」民法解釈学の諸問題188頁以下，野村豊弘「意思表示の錯誤」法学協会雑誌85巻10号20頁以下，ほか参照。
(92)　勝本正晃・民法に於ける事情変更の原則567頁。
(93)　この時期に，岩田新「インフレーションと事情変更の原則」法律時報5巻5号，小町谷操三・貨幣価値の変動と契約，中村万吉「事情変更の原則に就て」早稲田法学7号などがあいついで発表さ

れた。

(94) 五十嵐「事情変更の原則の再検討」法学教室〈第2期〉8号37頁以下。

(95) 浜上則雄「現代法律行為論について㈠」民商法雑誌42巻4号415頁以下，高橋三知雄「私的自治・法律行論序説㈠㈡㈢」関西大学法学24巻3号105頁以下，4号67頁以下，6号67頁以下，平井宜雄・注釈民法⑶2頁以下，前田達明「意思表示の構造」判例タイムズ425号4頁以下，伊藤進「法律行為の基礎理論」ジュリスト731号84頁以下など，その他多数。

(96) 広中・契約法の研究39頁以下，特に47頁，於保不二雄「無償契約の特質」契約法大系Ⅰ75頁以下など。

(97) ドイツにおいては，忘恩（grober Undank）による撤回（BGB § 530），必需の抗弁（Einrede des Notbedarfs）及び返還請求（Rückforderung wegen Bedürftigkeit）（BGB §§ 519, 528, 529）が，フランスにおいては，贈与条件の不履行（inexecution des condition）（C. C. art. 953），忘恩（ingratitude）（C. C. art. 955），子の事後出生（survemance d'enfants）（C. C. art. 960）による撤回が認められている。

(98) 平井一雄＝岸上晴志「最判昭和53年2月17日判決・判例評釈」判例タイムズ363号77頁以下参照。

(99) 加藤・前掲法協92巻8号12頁，98巻4号38頁。

II　EC 各国における原因概念

1　本稿のねらい

　我が国の民法研究の対象として，これまで原因概念 (notion de la cause) が取り上げられることは極めて稀であった[1]。しかし，かつて旧民法において，原因は合意（契約）の成立要件として規定されていたのである（財産編第304条第1項）[A] ただ，旧民法が現実には施行されなかったため，また，明治民法において，原因概念が採用されなかったため，以後の学界では議論の対象とはされてこなかった[2]。したがって，原因概念は我が国においては余り馴染の深いものとはいえず，単に他国の法制度，すなわちフランス民法上の概念としてとらえられているのが日本の学界の現状である。しかし，この原因概念を，あえて他山の石とすべきかは問題であるにしても，たとえば，不当利得法における「原因」や契約の「目的 (Zweck, but, aim)」そしてまた法律行為の「動機」との比較対照において，我が民法の解釈上重要な示唆を与えうるものとして注目に値する概念であろう。その点についての詳しい検討は他日に期すが，本稿では，EC 諸国の法制度において原因概念がどのようにとりあつかわれているかを概観することにより，我が国がそのなかでどこ

Ⅱ EC 各国における原因概念

に位置するのかを確認することを目的とする。

本稿の内容は,パリ大学比較法研究所のルネ・ロディエール教授の編集した"Objet, Cause et Lésion du Contrat. 1980."(以下,Objet. 1980. と記す)のなかの cause の部分についての翻訳・紹介が中心となっている。その中では,EC 諸国(フランス,ベルギー,ルクセンブルク,オランダ,イタリア,イギリス,アイルランド,ドイツ,デンマーク)の法律家に対して,アンケート方式で答えてもらい[3],その資料をもとに EC 諸国の民商法,特に契約法の調和をはかり,共通の法律のための草案づくりなどをしている。すでに,そのシリーズとして,1976年に発行された"La Formation du Contrat"以来,数冊を数え,そのシリーズ第五作目のものであり,契約法に関するシリーズ最後のものでもある。

2 原因概念(notion de la cause)

(1) 概　要

原因概念の内容に関しては,後に述べることとして,ここでは,その概念を認めるか否かという基準により,先に掲げた EC 各国の法をいくつかのグループ別にまとめることが可能であるため,まず,その作業を行い,その類別にしたがって本稿も論を進めていくこととする

第1のグループとして選別しうるのは,原因概念を認める法制度をもつ国々である。すなわちフランス・ベルギー・ルクセンブルク・オランダ・イタリアがこのグループに入る。このなかでは,他

2　原因概念 (notion de la cause)

の法制度に影響を与えた国という観点からフランスをその代表とすることができるため，このグループをフランス法グループと呼ぶこととする。しかし，これらの国々において原因概念の把握が若干相違することはいうまでもない。

次に原因概念そのものを認めるのではないが，それに類似する別個の概念を認める国として，イギリス・アイルランドを挙げることができる。これをイギリス法グループと呼ぶ。ここでは，原因に類似した概念である約因 (consideration) 概念が採用されているが，それは，後に述べるように原因概念の一側面しかフォローしていない。したがって，両概念の対比が問題となる。ただ，約因概念に関しては，古くから我が国に紹介されているため，本稿であらためて取り上げることはしない。

最後に，原因概念を全く認めない国として，ドイツ・デンマークをあげることができる。これをドイツ法グループと呼ぶ。ただ，ドイツにおいて，イギリス法ではフォローされなかった原因概念のもう一方の側面をフォローする行為基礎 (Geshäftgrundlage) 論というものがあるとする学者もいる[4]。筆者自身もその観点にしたがっていたが[5]，本書ではこの点を否定している。詳しくは後述 ((4)(a)) するが，行為基礎論に関しても，約因と同様，我が国においてすでに比較的多くの紹介がなされているため，本稿では周知の理論として取り扱い，詳しい説明は省かせていただく。

以下，上記各国の原因概念の捉えかたについて，グループ別にその概要をみていくこととする。

Ⅱ　EC 各国における原因概念

(2)　フランス法グループ

(a)　フランス[6]

フランス民法は，契約の成立要件として，同意（convention）や目的（objet）の存在などとともに適法な原因の存在を規定している（仏民法1108条[B]）。

しかし，この原因が契約の成立にとって，真に有用な要件たりうるかについては，これまで全く問題がなかったわけではない。むしろ，この問題は，フランスにおいて大いに論議が闘わされたところである[7]。すなわち，原因概念は，これを不要とする学者（アンチ・コーザリスト）達の出現及びその攻勢によって，一時は死滅したとまで思われる程に至った。しかし，その後，ネオ・コーザリストの台頭とともに原因概念が再評価されることとなり，現在では，原因概念を認めるのが圧倒的多数説であるといってよかろう。そして，この通説の説くところによれば，原因を，その機能的側面から，「債務の原因（cause de l'obligation）」と「契約の原因（cause du contrat）」の2つに分類している。すなわち，このことは，契約が成立するためには，「原因が存在すること」と「原因が適法であること」の2つの条件が必要であることを示すものである[8]。したがって，契約成立要件たる原因に関して，フランス法では債務の原因が存することならびに契約の原因が適法であることを要する。以下，それらを各別にして簡単な説明を加える。

① 債務の原因

債務の原因とは，契約の抽象的理由（raison abstraite）であり，

2 原因概念 (notion de la cause)

契約の各類型において常に同じものである。この一般的な説明の方法として，通常，双務契約，片務要物契約，無償契約の3つに分けて論じられている。それにしたがえば，次のようになる。

(i) 双務契約において，一方当事者の債務の原因は，反対給付 (contre-préstation) すなわち他方当事者の債務である。

たとえば，売買契約において，買主が代金を支払うことを約束するのは，売主による目的物の引渡をあてにするからであり，反対に売主の目的物引渡債務の原因は，買主に課せられた代金支払債務にある。

(ii) 片務要物契約において，債務の原因は物の引渡である。たとえば，使用貸借契約において，貸与された物を返還すべき借主の債務の原因は，貸主からの物の引渡ということになる。

(iii) 無償契約において，債務の原因は無償の意図 (intention libérale) である。すなわち，他人に対する慈善の動機に根ざすものということになる。

ところで，これに対するアンチ・コーザリスト達からの批判は，次のようなものである。

ⅰ) 双務契約において，契約当事者の両債務がお互いの原因となるということは，契約の成立とともに両債務は発生しているのであるから，原因と結果が同時に成立するという論理矛盾を引き起こす。

ⅱ) 片務要物契約において，物の引渡が債務の原因としているが，返還義務者が物を受け取らなければ契約そのものが成立しないのであり，この物の引渡こそが契約の成立要件である。

ⅲ) 無償契約において，無償の意図というものが明確ではなく，同意 (convention) と混同される。

一方，判例は原因概念を支持し，とりわけ双務契約の場面におい

Ⅱ EC 各国における原因概念

て，両債務の相互依存関係（indépendence）を正当化するものとして原因概念を用いる。すなわち，一方当事者の債務の原因が欠如している場合，それを目的（objet）の欠如として取り扱うのではなく，他方当事者に債務の原因が欠如しているとして，契約を無効とする。

また，ある種の判例は債務の原因の機能をその存在という枠内に留めることなく，黙示的な原因の欠如（全部・一部）を理由に，一方当事者の合意が公正な他方当事者のそれと一致しない契約も無効とする。これをうけて，受任者や事務代理人によって取り決められた法外な報酬金につき，それを減額する根拠としてこの判例理論を持ち出すものもあるが，むしろ学者の多くは，この判例を次のような理由から批判している。すなわち，かような理論をつきつめていけば，当事者相互の経済的等価を要求するという結果を招き兼ねず，フランス民法が，別個の概念として経済的不均衡による損害（lésion）からの救済を厳格に特定の場合にのみ認めていることと反するようになるからである[C]。

② 契約の原因

契約の原因は，適法でなければならない。すなわち，法律で禁じられているものであったり，また公の秩序や善良な風俗に違反したものであってはならない（仏民法1131条）。そうでなければ，契約は成立しないことになる（同1108条）。

上記の不法性の3つの要素は，概念的には，不適法たる強行法規違反・公序違反と不道徳たる良俗違反の2つに分類できるが，かような類別は意味を持たないとするのが通説である。ただし，返還請求において，判例は原則的には差異を設けている（後述④参照）。

それでは，契約の原因とは何であるか。それは，契約当事者に契

2 原因概念 (notion de la cause)

約締結を決定させた具体的動機であるといわれる。したがって,契約の原因は,債務の原因とは異なり,同類型の契約下においても各契約当事者によって区々であり,主観的原因とも具体的原因とも呼ばれている。しかし,この場合,裁判所は全ての動機を顧慮するわけではない。契約を無効とさせるような原因とは,動機のなかでも決定的 (déterminant) でかつ推進的 (implusif) なものに限られている。

ところで,日本法でも,動機の不顧慮性は「動機の錯誤」や「動機の不法」において問題とされるところであるが,フランス法においてはどうなっているのか。換言すれば,動機(契約の原因)と取引の安全とのバランスはどのように保たれているのか,についてみていくことにする。ただ,その際生じる付随的な問題として,原因(動機)の立証方法についても問題となるが,それに関しては,原因の立証義務およびその方法ということで,債務の原因の場合とともに一括して述べることとし,次項 (③) にゆずる。

原因が不適法・不道徳であった場合,すべて契約は無効となるか(もちろんこの場合の原因は,すべての動機をいうのでなく,決定的・推進的動機というふるいにかけられることはいうまでもないが,原因は明示しなくてもよいことになっている(仏民法1132条))。

フランスでは,この問題に関して興味ある分別を行い,それに基づいた解決がはかられている。すなわち,有償契約と無償契約とに分ける方法である。それは,当該契約が有償であるか,それとも無償であるかによって,取引の安全を保護する必要性が違うという基本的発想に基づくものである。したがって,契約を無効とするためには,前者すなわち有償契約においては原因の不適法・不道徳が各契約当事者に認識されていることを要し,後者すなわち無償契約に

Ⅱ　EC各国における原因概念

おいては，その必要はないとする。さらに，多くの学説並びに判例の一部は，前者において，認識していることまでを要求するのではなく，単に認識すべきであった場合をも含ましめている。

③　原因の立証

原因の存在・適法を証明するのは，債権者では債務者である。フランス民法1132条は，全ての契約が原因を有することを推定しうるものと解されている。ただ，第三者との関係において，判例は，債権者に立証義務を負わせている。

ところで，原因は1つの事実（fait）であるので，その不存在・不適法・不道徳についてはあらゆる手段によって証明しうる。ただ，合意を認めた証書がある場合，債務者はその書面を提示したうえで，それに反して，もしくはそれをこえていることを証明しなければならない。

不適法・不道徳の原因を証明する一般的な方法は，その原因が明示されているか否かによる。この証明は，推定が許されない詐欺（faude）（仏民法1353条）と同視されるべきである。判例は，当初，内的証拠（preuve intrinsèque）を要求していたが，1907年の破毀院判決[9]以来，外的証拠（preuve extrinsèque），すなわち書面や契約の外的状況による証明によるものとしている。ただ，庶子に対する無償贈与は，現在も内的証拠によるとしているが，それもフランス民法908条の制限が課せられている[D]。

④　効　　果

原因の不存在・不適法・不道徳の効果は，契約の絶対的無効である。この無効は，すべての利害関係人によって請求でき，追認・期

2 原因概念 (notion de la cause)

間の経過によって治癒されることはない。

注目すべきは、無効に基づく返還請求において、判例が「何人も自己の不道徳な申立を聴許されることなし (Nemo auditur proptiam turpitumdinem allegans)」という法諺を引き合いにだし、すでになされた不道徳な原因による契約の目的物の返還請求を原則的には認めていないことである。この点において、判例は、不適法と不道徳の区別を設けているといえる[10]。しかし、かような処理は必ずしも確定したものではなく、返還が認められたものもある[11]。

(b) ベルギー・ルクセンブルグ[12]

ベルギー・ルクセンブルグ両国の民法典は、フランス民法典とほぼ同じであり、少なくとも本稿での問題関心である「原因」については、条文規定・構成とも全く同じである。したがって、そこでの原因に関する理論もフランスにおけるとほぼ同様であるといえる。解釈上の若干の差異についてのみ、以下略述する。

まず、原因の立証について、フランスでは債務者が負うとしているが、ここでは、無効を主張する者が負うとしている。しかし、ほとんどの場合、無効を主張するのは、債務者であることは想像に難くない。したがって、実質上はフランスと変わることがないといえよう。

次に、無効の性質であるが、フランスにおいては、前述のように絶対的無効であり、その無効を治癒する手段はないとする。それに反して、ここでは、原因の欠如(虚偽の原因も含む)は、相対的無効であり、追認によって有効となしうる。さらに、一部の学説・判例によれば、不適法な原因も、それを契約両当事者が知っていたか否かによって、区別している、すなわち、両当事者が、原因の不適

Ⅱ EC各国における原因概念

法性を知っていれば絶対的無効,相手方が知らなければ相対的無効とするのである。

(c) オランダ[13]

オランダは,過去においてナポレオンに征服されていたためナポレオン法典が施行されていた経歴を有するが,その後オランダ王国の成立以来,独自の立法並びに改正を繰り返してきた。現行オランダ民法典は,フランス法の継受をうけつつも,独自性の強いものであるといわれている[14]。

原因に関しては,その概念自体は承認しているが,ここでもフランス法とは異なった受け取り方をしている。すなわち,オランダ民法は原因を実定法上に規定している(蘭民法1356条4項・1371条～1373条)が,その定義を,判例の言葉をかりれば,「契約の目的」すなわち「当事者が契約によって獲得しようとしたもの」としている[15]。また Rutten によれば,原因とは財産関係確立の動機 (motif de l'établissement d'unlien patrimonial) であり,目的因 (causa finalis) ではないとする[16]。したがって,フランス法においてみられたような,債務の原因・契約の原因という分類は,実務上では承認されておらず,かような分類は,単に学説上(講学上)での利益を有するにすぎないとしている。

しかし,このことは,債務の原因の存在が,契約の有効要件として不要であるといっているわけでは決してなく,その欠如は契約の本質的要素の全体的な欠如として分析され,契約を無効に導く(蘭民法1371条)。また,オランダ法そのものは,原因の機能に経済的等価関係の維持を求めてはいないが,学説はそれを求める傾向にある。そして,その根拠を良俗違反に置いている。

2　原因概念 (notion de la cause)

　手形に関しては，原因は明示されなくてもよい。オランダ民法1372条は，手形に原因が明示されなくても，また真実とは異なる他の原因が記載されていても，法的通用力を与えることを予定していたからである。

　原因に関する錯誤や虚偽の原因は，フランス法と同様，原因の欠如としてとりあつかわれ，その契約は無効となる。ここにいう虚偽の原因とは，原因の欠如や不適法な原因を隠すために不正確な法律事実を表示することであり，フランス法にいう仮装の原因にあたる。

　原因が不適法となる場合も，フランス法と同様，法によって禁じられている場合，公の秩序並びに善良な風俗に違反する場合がこれにあたると規定する（蘭民法1373条）。ただ，これら3つの概念の区別はなされていない。

(d)　イタリア[17]

　イタリアもオランダと同様，ナポレオンの征服下にあった時代は当然の如くナポレオン法典が施行されており，その後のイタリア内の諸国で編纂された民法典はいずれもフランス民法を継受したものであった。やがてイタリアが統一され，統一民法典の編纂がなされた（1865年）が，そこでもこのイタリア民法典は，フランス民法典の多大な影響をうけている[18]。その後同法典の改正はあった（1942年）ものの，原因に関しては，ナポレオン法典や1865年の民法以来基本的な変更はなされておらず，やはり，フランス法系に属しているということができる。

　イタリア民法もまた，原因概念を認めていること前述の通りであるが，ここでは，原因概念そのものよりもむしろその機能に重きを置いている。すなわち，その機能とは，取引 (negozio) の原因を明

Ⅱ　EC 各国における原因概念

瞭にすることである。したがって，動機が取引の安全をおびやかしかねないことから，判例は，契約の原因に関して動機の不顧慮性を肯定し，「個人的動機は，契約が客観的に追求する社会経済的機能によって構成されている契約の原因とは無関係に存在している」[19]とする。ただ，現在，かような契約の原因を契約の社会経済的機能と同視する判例及伝統的学説の見解は，動機の不顧慮性のドグマを否定する学説からの攻撃をうけていることを付記しておく。

もっとも，法典において原因の定義がなされていないので，この定義に関しては学説は多岐にわたり対立している。ただ，債務の原因と契約の原因との区別は，判例においては動揺が見られるものの一般的に承認されているようである。そこで，以下，原因の存在（債務の原因）と原因の適法（契約の原因）に分け順次説明する。

原因の存在は，当事者は意思の合致・目的・一定の場合に必要とされる方式とともに，契約の本質的要素として実定法上規定している（伊民法1325条）[E]。したがって，原因の欠如は，その契約を無効とする。ただ，債務の支払および承認の予約は，反対の立証があるまで，原因の存在の推定をうける（伊民法1988条）。

一方，原因が，強行法規違反・公の秩序もしくは善良の風俗に違反した場合，その原因は不適法とされ（同1343条），そのような原因を有する契約は無効となる（同1418条2項）。ただ，フランス民法と異なり，これら不適法の三要素のほかに，脱法行為（同1344条），共通の動機の不法（同1345条）も不適法であるとして明文規定している。また，上記不適法の三要素（強行法規違反・公序違反・良俗違反）に関する概念区別はなされていないが，不適法な原因をもつ契約に基づいてなされた給付の返還に関して，判例は差異を設けている。すなわち，イタリア民法2035条が，良俗違反の目的でなされた

契約に基づき給付を完了した者は、その給付したものを取り戻し得ないとしているところから、良俗違反に関しては、給付物の返還は命じえないが、その他の不適法の原因によってなされた給付物の返還は、これを認めているのである。

ところで、原因に関する錯誤や虚偽の原因に関して、イタリア民法には条文上の規定はない。したがって、これらについては、契約の性質に関する錯誤とみなされ、錯誤に関する一般規定（伊民法1429条）の適用をうけるものとされる。

最後に、無効の性質は、絶対的無効であり、法律が別段の規定をしていない場合には、有効化されえない（伊民法1423条）。

(3) イギリス法グループ

イギリス・アイルランド[20]において、原因概念そのものは認められていない。しかし、原因概念が、フランスにおいて債務の原因と契約の原因とに分けられているその類型にしたがった場合、債務の原因に対応する概念をもっている。それは、英米契約法上の特色の1つである「約因 (consideration)」概念である。イギリス法において、約因が、債務の原因と同じように契約としての法的義務を伴う約束に必要不可欠なもの、すなわち、その存在が契約の有効要件となっていることは、多言を要しないであろう。かように、イギリス法における約因とフランス法における債務の原因とは、その機能上で全く同じ役割を果しているが、契約上の債務として有効となる基準において違いがある。それは、イギリス法において金銭評価のできる利得もしくは損失でなければ契約上の債務となりえないということである。したがって、無償契約 (nudum pactum) はフランス

Ⅱ EC 各国における原因概念

法においては原因付けられても，イギリス法においては契約上の債務とはならないのである[21]。

以上のような違いはあるにせよ，おおよそのところではフランス法における債務の原因は，イギリス法における約因に置き換えられるが，約因が，道徳上の問題を取り扱うものではないため，契約の原因の機能を有するものではない。それは，違法性（illegallity）や不道徳性（immorality）の問題となる。

いずれにせよ，約因が不存在であったり，過去の約因（past consideration）であった場合，契約成立要件を欠くこととなり，契約は成立しない。また契約が，法令やコモン・ローに反し，客観的無効となった場合，当事者はその無効を主張できる。その無効を主観的なものであった場合，3つに分けて考えられている。まず，違法性が当事者双方にある場合，両当事者とも無効を主張できる。次に，一方当事者の意図が違法であれば，他方の善意の相手方がその無効を主張できる。最後に，履行方法が違法であった場合，当事者の認識によって異なる。すなわち，一方当事者が善意を証明できれば，その者は「等しき過失において（in pari delicto）」であり，その結果，その者は権利を保持するが，違法性を認めた場合は，いかなる権利もしくは救済もうけない。また，当事者双方により違法な手段で契約の履行がなされた場合，両当事者ともなんらの救済もうけることができない。

(4) ドイツ法グループ

(a) ドイツ[22]

契約の成立要件として，原因に関するなんらの条文規定も有しな

2 原因概念（notion de la cause）

いドイツ法にとって，本問題についてのアプローチとして2つの方法が考えられる。1つは，フランス法が原因概念の適用によって解決している実務上の問題は，ドイツ法の下では，どのような結果を引き起こすのか，という接近方法であり，いま1つは，法律行為構成をとるドイツ法において，フランス法に対応するような法制度が存在するのか，という問に答える方法である。

後者に関して，よく「行為基礎」概念が引き合いに出される。しかし，この理論は，契約の下の平等侵害を是正するために利用されるものであり，その機能からすれば，フランス法下の原因概念というよりも，むしろ不予見理論（theorie de l'imprevision）に対応するものといえる。また，歴史的にみても，その起源は，原因概念の起源であるカノン法にあるのではなく，後期注釈学派により再登場した法格言 clausula rebus sic stantibus（事態存続の条款）にあるのであって，両者はその基を一にするものではない[23]。したがって，ここでは，原因概念に論点を絞るため，行為基礎論を除外し，後者の問題にこれ以上立ち入らないこととする。

ドイツ法において，前述したように，原因概念に関して直接触れる条文規定はない。しかし，ドイツ法の下でも原因概念は存在するのであり，これをフランス法でみたように，債務の原因と契約の原因に分けてみていくこととする。

① 債務の原因

ドイツ法における債務を創設する同意，すなわち債権契約は，一部の例外を除いて，全て有因である。たとえば，売買において，一方当事者の代金支払義務と他方当事者の権利供与義務は有因関係にある。ただ，例外として，私署による債務の支払約束ならびに債務

Ⅱ　EC各国における原因概念

の承認は無因とされている（独民法780条・781条）。したがって，この例外を除いた限りにおいては，原因概念に関するドイツとフランスの差異はほとんどないといってよい。また，この宣明された承認・約束も，原因の不存在としてとらえるのではなく，原因の相対的独立としてとらえられている。

　ドイツ法とフランス法の決定的な違いは，ドイツ法において，物権と債権の峻別論がとられているところにはじまる。すなわち，物権であるなしにかかわらず，権利の移転・変更・消滅を目的とする処分行為の同意，換言すれば，物権契約・準物権契約は，それを生じさせた債務創設の同意（債権契約）とは全く切り離して考えられている。したがって，売買契約を締結したからといって，直ちに所有権が移転するわけでもないし，売買契約を取り消したからといって，すでに移転させた所有権が直ちに戻ってくるわけでもない。このことは，周知の如く余りに顕著な独・仏の法概念の相違であり，これ以上の説明は不要であろう。ただ，原因なき利得に関して，ドイツ民法812条以下で，その返還を認めているところは，あながち原因概念を否定しているものではないということがいえよう。

②　契約の原因

　フランス法における契約の原因の機能に対応するものとして，ドイツ民法138条があげられる。そこでは，良俗違反の法律行為は，これを無効とする旨の規定がなされている。しかし，これは，単に法律行為のみに限られるわけではなく，法律行為そのものが公正であっても，当事者の求めた目的に不道徳性が存すれば，同様に無効となり得る。この問題に関しては，独・仏共通の解決およびその理由付けがはかられる。伝統的な例でいうならば，内縁関係にある者

の一方からの贈与は，それ自体有効であるが，その贈与が内縁関係をつくりだすため，もしくは維持するためになされたのであれば，無効となる。

(b) デンマーク[24]

デンマーク法において，原因は契約の成立要件ではない。契約は当事者の抽象的な合意によって成立する。したがって，契約の成立に関して問題となるのは，その契約が真意に基づくものであったか否かということのみである。ここにおいて実務上よく問題となりうるのは，贈与に関するものである。それでも，その契約が真意に基づいてなされたものであるとの立証ができれば，債権者は履行の請求が可能である。しかし，その立証が不可能な場合が少なくないことは事実のようである。

3 まとめにかえて

以上のような，各国の原因概念の比較の上にたって，Objet. 1980.では，共通法作成のための草案づくりがなされている。原因の部分の試訳は，次のようなものとなる。

第5条　全ての債務は原因を有しなければならない。
　　　　有償契約において，原因は反対給付である。
　　　　無償契約において，原因は無償の意図である。
第6条　債務の原因は，契約もしくは約束において，表示されなくともよい。債務の原因の不存在もしくは虚偽を主張するも

のがその証明をしなければならない。

その証明はあらゆる手段によってなしうる。

第7条　契約の原因は当事者に合意させることを決定させた動機によって構成される。

この契約の推進的かつ決定的動機は，適法かつ道徳的でなければならない。

不適法および不道徳は，他方当事者によって認識されたことをもって一方当事者の動機のみに作用しうる。

第8条　契約者をして決定させた動機がかような瑕疵を有しているとの証明は，契約の原因の不適法もしくは不道徳を主張する者が負う。

その証明は，あらゆる手段によってなされうる。

　かような草案についての理由付けは，いままでみてきた原因概念をとる国々の法理論からみて，あえて説明の要はないものと思われる。ただ，そのなかでもっとも興味ある点は，根本的な問題である「原因概念を採用するか否か」ということである。それについての理由付けは，フランス法がドイツ法に比べて劣ってはいないこと，無因主義をとるのは為替に関する法のみであること，などをあげているが，結局は，原因概念を採用する国のほうが，EC 諸国の多数を占めることにある。すなわち，多数決原理が働いたわけである。

　ところで，すでにみてきたところからも，原因概念を採用していない我が国の位置は見当がつくであろう。我が国を上記のグループ内にいれるならば，ドイツ法グループに入る。しかし，ドイツ法と全くおなじわけではない。我が国の法典編纂の経緯からいえば，それでも幾分フランス寄りのところがあるといえよう。したがって，

3 まとめにかえて

我が法の解釈においても，ドイツ法のような強固なものではなく，フレクシブルな対応が可能であると思われる。この問題に関しては，今後の研究課題として擱筆する。

〔注〕
（1） 「原因」についてのわが国の文献としては，稲葉彬「フランス契約法における cause の概念」法学新報79巻2号85頁，川村泰啓「追奪担保体系・権利供与体系と日本民法典㈢」ジュリスト624号107頁，安井宏「リーグの原因理論」法と政治32巻1号205頁など，数は極めて少ない。なお，一部でも原因に関して言及している文献については，安井・前掲208頁注（3）参照。
（2） その間の詳しい事情については，拙稿「契約の目的についての覚書」中京法学16巻1号・2号参照。
（3） Objet, 1980. における各国の法制度に対する質問事項及びそれに対する解答の要約は，比較表として本書の冒頭に掲げられており，その試訳を本稿の末尾に掲げておく。
（4） たとえば，Carbonnier; Droit Civil. 1979. t. 4. p. 116.
（5） 拙稿・前掲論文(1)中京法学16巻1号60頁。
（6） Objet, 1980, pp. 42-49. クリスティーヌ・スーション女史が担当している。
（7） 原因概念を不要とする学者（アンチ・コーザリスト）達は，目的と原因，並びに同意と原因は混同することをその論拠として原因概念を排斥している。たとえば，双務契約において，売買目的物が滅失した場合，当該契約は目的がないということで充分であり，買主の債務に原因がないという必要はない。
（8） フランス民法1131条は，無効の原因として，原因の不存在と原因の不適法のほかに，虚偽の原因（fausse cause）を掲げている。たとえば，事故をおこした本人だと思っている者が，その結果の賠償を約したけれども，のちにその責任がないことに気付いた場合などがこれにあたる。しかし，虚偽の原因は，つきつめていけば原因の

Ⅱ EC各国における原因概念

不存在と同じことになる。したがって，現在の大多数の説は，1131条に虚偽の原因を掲げている意味を，仮装の原因（cause simulee）と混同しないためと解している。仮装の原因の効果は，当事者間では有効であり，第三者に対してのみ無効である。

(9) Civ. 2 janv. 1907, D. 1907, 1, 137, note Colin.
(10) Aix. 28 mars 1945, J.P.C. 1946, 2, 3063.
(11) Req. 11 août 1945, S. 1945, I, 642.
(12) Objet. 1980, p. 62-70. ジャニ・エケル女史とレジ・フーケ＝デュパルク氏が担当している。
(13) Objet. 1980, p. 87-91. ポール・ファン・グラベンシュタイン氏が担当している。
(14) 五十嵐清・民法と比較法60頁。
(15) H. R. 17 nov. 1922, N. J., 1923, 135.
(16) Objet. 1980, p. 88. 注 (17) Asser-Rutten, III, 1,166-167.
(17) Objet. 1980, p. 104-108. エレーヌ・クルトワ嬢が担当している。
(18) 五十嵐・前掲61頁。
(19) Cass. civ., 7 avril 1971, n° 1025, Giurispr. ital., 1972, I, 1232.
(20) Objet. 1980, p. 138-141. ミカエル・パッシェ＝ジョワス氏が担当している。
(21) 約因と原因の比較に関する論文として，B. S. Markenisis, Cause and Considerration : A Study in Parallel, 1978, C. L. J. 53. この論文は，両概念の概念上の簡単な相違と実務上の詳細な異同を論じている。
(22) Objet. 1980, p. 122-127. ユルゲン・バゼドー氏とアンドレア・クナイプ氏が担当している。
(23) ヴィントシャイトをその提唱の起源と考えるならば，この理解は疑問がないわけではない。拙稿・前掲論文(2)中京法学16巻2号84頁以下参照。
(24) Objet, 1980, p. 150-54. オレ・ランド教授が担当している。

3 まとめにかえて

［資料Ⅰ・比較表C……訳］

質問事項	フランス	ベルギー ルクセンブルグ	オランダ	イタリア	ドイツ	イギリス アイルランド	デンマーク
前提問題 貴国の法体系は、契約の原因について独自の地位を与えているか否か。であれば、その理由は？	原因概念はフランス実定法の概念であり、立法者に豊富な判例によって確立されている (1108・1131・1133条)	左に同じ	肯定 (1356条4項・1371～1373条)	肯定 (1325条)	原因の必要性は、ドイツ民法の法律行為において、どこにも要求されていない。しかしながら次のように区別をしているドイツ法においては全く関係のないものではない。 1 債務を創設するも同意。学説に従えば、それらは全て有因である。例外として、私署による承認された債務約束及び承認は抽象的（訳注＝無因）である。	イギリス法は原因を認めていない。約束が法的な債務となるためには、それを行使する者が、その約束の反対当事者に対する「約因」を備えなければならない。	デンマーク法においては、原則的に契約の有効性にとって必要なものではない。それ故約束自体は完全に有効であり、履行が可能である。しかし裁判官は約束が真実であるという証明を要求すること、そしてそれを証明することが困難である。したがって、説得性のある理由・動機を証明することができない約束や、強約束の真摯さ、強固さを立証す

69

II　EC各国における原因概念

質問事項	フランス	ベルギー ルクセンブルグ	オランダ	イタリア	ドイツ	イギリス アイルランド	デンマーク
I　イントロダクション a　原因について、貴国の法はどのような定義を与えているか。契約の原因と債務の原因について区別は存在するか。肯定の場合、どのような実益か。	原因概念は、原因の存在（債務の原因）もしくは原因（契約の原因）の適法性を契約が与えられていることにより、契約の原因と債務の原因につき2つの意味をもつことがわかる。1　債務の原因（客観的原因・抽象的原因）原因は契約者の抽象的理由であり、常に各契約類型において同一である。すなわち、双務契約においては、一方当事者の原因は他方の債務であり、片務契	左に同じ	原因のない契約に関して、破毀院は原因を、「契約の目的、すなわち当事者が契約によって獲得しようとした2つの給付」と定義する。Ruttenによれば、それは財産関係確立の動機（目的因ではない）。オランダ民法は不適法をいうにすぎない。すなわち「強行法規に反するか、善良な風俗もしくは	イタリア法は原因の機能を強調している。原因は反対当事者の給付であり、社会経済的目的である。	2　処分行為の同意。この同意（物権的同意であるにかかわらず）は権利を移転・変更・消滅させることを目的とする。それらは抽象的（訳注＝無因）と呼ばれている。それらを発生させた債務の同意によって創設されたけれども、後者の結果としての同意の無効により影響をおよぼされはしない。しかし、権利を侵害された者によって支払われた対	「約因」は原因と大いに異なるが、それが反対当事者の原因（債務の原因）という意味をもつとき、原因概念と同様の類似性を有する。伝統的に、約因は合意した者によって得られるもしくは相手方に被った損失として定義されている。今日、契約は他方契約者の合意を得るために、一方契約によって支払われる対	ることが非常に困難であろう。

70

3 まとめにかえて

II 有効性の要件 原因は契約の有効性について必要な概念か。肯定の場合どのような要件か。	肯定。原因は契約の有効性について本質的な要素である。それ故、契約が有効であるためには、原因が存在し、	左に同じ	左に同じ	「原因」は契約の存在に本質的なものである。それは事実(有効)であらねばならないし、充分に決定さ

(前ページからの続き・上段)

物契約においては、原因は返還されるべき反対給付である。無償契約においては、原因は無償の合意意図として定義される。

2 契約の原因(主観的原因・具体的原因)

原因は、締結当事者によって存した決定的動機によって構成されている。また、それは推進的動機ともいう。

公の秩序に反する全ての法律行為は無効である(3・2・2条)と規定している。契約の原因と債務の原因の区別上の利益を有するにすぎない。

対して原因を利得を根拠とする返還の道を開いている。このことは抽象的同意に関するもの同様、原因概念が全く排斥されるものではないことを示している。ドイツ法において原因が考慮されている尺度内での合意の有効性に不可欠な客観的な原因とは当事者のかわら追求する目的である(but)ことを示す。

価として定義されている。

II EC各国における原因概念

質問事項	フランス	ベルギールクセンブルグ	オランダ	イタリア	ドイツ	イギリスアイルランド	デンマーク
	を備えなければならない。					かつ適法であらねばならない。	れていなければならないし、かつ請求者(demandeur)によってすでに与えられた利益で構成されていなければならない。
a 原因の欠如は本質的要因の不存在か、それとも経済的等価の欠如か。原因は明示されなければならないか。	原因の欠如は本質的要素の不存在として分析されている。原因が存在する以上、反対給付（訳注＝内容）の重要性とは無関係である。しかしながら、一部の大いに問題のある判例は、原因が経済的衡平もまた示唆することを認めているようである。	左に同じ	左に同じ	左に同じ			

3 まとめにかえて

b 原因の錯誤や虚偽の原因はどう考えられているか。肯定の場合、どのような法的利益がそこに付着しているか。					
1132条によれば同意は原因が明示されなくとも、有効である。この規定は無因手形において、反対証明があるまで、原因は存在することを推定されるということを示す。虚偽の原因は、実際は、原因に関する錯誤、もしくは原因の存在に関する錯誤で原因の仮想であった故にある。虚偽の原因は、原因の欠如と同一視されねばならない。1131条で原因の欠如とされている場合、虚偽の原因は契約の虚偽性の無効をもたらす。	左に同じ(1132条) 虚偽の原因は次のような場合に存在する。― 当事者が原因の存在を誤って信じた場合。― 原因が仮装されている場合。虚偽の原因は、原因の欠如となる。	左に同じ(1372条) 原因に関する錯誤は契約の欠如と同一視されており(1371条)、契約の無効をもたらす。原因の欠如や不適法な原因を隠蔽するために虚偽な錯誤とは実質な法律行為が表示された時、虚偽の原因が存在する。	原因が明示的に示される必要はない。それ示されるより推論されうることで充分である。債務なる支払や単なる承認の約束にとって、法は反対の証明の存在までの原因の存在の推定をする。 原因に関する規定(1343・1345条)は、原因に関する錯誤にも、虚偽の原因にも触れてはいない。伝統的に、原因に関する錯誤は、錯誤の法的性質に関する錯誤と同一視されており、錯誤に関する一般規定(1429条)を適用している。	約因の欠如は契約成立に関する本質的要素の不存在と分析される。[約因]は明示される必要はない(商事において)。

Ⅱ　EC 各国における原因概念

質問事項	フランス	ベルギー ルクセンブルグ	オランダ	イタリア	ドイツ	イギリス アイルランド	デンマーク
	す。1131条の虚偽の原因は、学説によれば、原則的にはある面では契約の無効によって制裁されない仮装原因を対象としていない。			る。学説・判例に従えば、虚偽の原因は仮装の原因である。			
c. 原因の不適法性と不道徳性を区別する法的利益はあるか。	原因は不適法であっても不道徳であってもいけない。不適法な原因は、或いは法によって禁じられていたり、或いは公の秩序に反しているものである。契約の有効性の観点から、不適法性と不道徳性を区別する利益はない。しかしながら、判例は	原因の不道徳性と不適法性を区別することは、契約の有効性の点からみても、利益を有する	民法1373条によれば、原因が法により禁じられていたり、公序良俗に反する場合、原因は不適法である。原因の概念——強行法規違反・不適法性・不道徳性——間の明瞭な区別をすることは不可能である。	イタリア法において、法によって禁じられていたり、公序良俗に反したりしている原因は、不適法としても考えられている（1343条）。判例は、不適法な原因のためになる契約の履行に関し、すでに支払われたものの返還	ドイツ法における原因は、フランス法における公序良俗を維持する要素ではない。しかしながら、その内容が不適法、不道徳である法律行為を無効とする民法138条は、当事者によって追求される目的（but）が不適法・不道徳であるな	イギリスにおける約因に関しては、同様の問題は生じない。契約は不適法であってはならない。	

3　まとめにかえて

無効な契約によってすでに給付の行為とされた実の返還請求の次元で区別を設けているように思われる。すなわち、判例は、不道徳な原因によって言い渡された場合、この返還請求を拒絶する傾向にある。有償契約において、判例は、一方当事者は、他方当事者によって知られている場合にとって知られている場合にその取り戻しうる場合にその取り戻しうる場合にこの取り戻す場合にこの取り戻す場合にこの取り戻すことを明言する。	ものではない。無効な契約によってすでに給付の行為とされた実の返還請求の観点からさえも利益を有しない。不道徳な原因が、両当事者に共通している。いないにかかわらず、ベルギー法では、その行為は、契約に適用可能な無効の性質によって影響を与える（事件によって絶対的・相対的無効）	請求を常に認めている（訳注――不道徳に関しての返還請求は条文上禁じられている）。	ら、その内容が差し障りのない行為にも等しく適用される。
Ⅲ　原因の立証			

II　EC各国における原因概念

質問事項	フランス	ベルギー ルクセンブルグ	オランダ	イタリア	ドイツ	イギリス アイルランド	デンマーク
a 当該契約に原因があるとの立証義務を誰が負うのか。原因が契約の有効性を覆すものであるとの立証義務を誰が負うのか。	契約に原因があり、その原因が適法であるという立証の負担は、その権利の行使を求める債権者(demandeur)に課せられるのではない。原因の欠如や不適法を証明することは債務者がしなければならない。この規定は無因手形についても同様に有効である(1132条)	原因の欠如・不適法を証明することは、契約の無効を主張する者がしなければならない。	その義務は権利を有しているを主張する者が負う(すなわち、法的追及力(suite juridique)が存在すると主張する者)。(民法1802条本文参照)	原因の存在の推定は、反対の証明があるまでで債務の支払及び承認の予約についてのみされる。それ故、この場合を除いて、原因の不存在し、かつ適法であることを証明することは財産上の返還の原因を証明することがしなければならない。		商事において、約因の存在は推定される。したがって、約因の欠如の証明を再び持ち出すことは、契約を否定する者がしなければならない。社会・家族関の事柄において、契約が存在すると言うことを根拠付ける者は、契約の存在を確立したいと望んでいる者がしなければならない。	
b 立証の手段はどのようなものか。	原因の欠如(もしくは虚偽の原因)は、合意書が原因を記載している場合を除いて、全ての手段による。	原因の欠如(もしくは原因の欠如)は虚偽の原因と同一視されている。虚偽の原因の証明は、全ての手段によってなしうる。	一般法の全ての証明手段が認められる。	全ての証明手段が認められる。		全ての証明手段	

3 まとめにかえて

	原因の欠如、	原因の欠如	原因をもた	必要要件の	約因が存在
IV 制裁（訳注一効果、以下同じ）有効要件の	よって処理しうる。この場合、記載された証拠の内容に反したり、それ以上のことを証明することを禁じている1341条を考慮に入れなければならない。すなわち、原因の欠如（もしくは虚偽の原因）は、書面についてのみ確立しうるにすぎない。証拠や推定によっても、書証の端緒が存在するならば、原因不道徳の法や不適法の全ての証明の手段によってなしうる。	すなわち、合意を認める名合証書が原因付けられているか否かということである。原因が仮装であることの証明は、証書が原因付けられている場合を除いて、認められない。この場合、仮装の原因の確立は、書面によってのみ確立しうるにすぎない。証拠推定は、書証の端緒が存在するならば（もしくは書証の端緒が存在するならば）、不適法な原因の証拠推定によってなしうる。			

Ⅱ　EC各国における原因概念

質問事項	フランス	ベルギー・ルクセンブルグ	オランダ	イタリア	ドイツ	イギリス・アイルランド	デンマーク
1 つについての過失に付着する制裁などのようなものか。 a 契約の無効である場合 ・誰が請求しうるか。 ・どのような手段によって無効が治癒されうるか。 ・期間の経過によって ・追認によって b 他の制裁はあるか。	虚偽の原因、原因の不道徳・不適法は、契約の絶対的無効をもたらす。この無効は、全ての利害関係人によって請求できる。それは期間の経過によっても、追認によっても治癒されない。	や虚偽の原因は契約の相対的無効をもたらすにすぎず、この無効は追認によって治癒される。不適法な原因は、契約の絶対的無効によって制裁される。しかしながら、一部の学説・判例は、不適法な原因を動機が両当事者に共通しているか否かによって、その無効が相対的であるか、ある時は絶対的であるというように考えている。	ない契約、原因が不適法な契約（法規定がそれに反することを規定している場合を除いて）。やその違反がもたらす原因をしないと推論されうる場合な契約は、無効である。この無効は、裁判官によって職務上提起される権利の無効である。	欠陥にともなった制裁は、契約の絶対的無効である（1148条以下）。それは、全ての利害関係人によって契約に同時に職権によっても提起されうる。不道徳な原因のために無効となった契約は、他の契約に決して変更できない。		しない場合、契約は存在しない。それ自体が不法な契約、もしくは当事者の意図によって不法な契約は無効である。全ての場合、前者の場合、全当事者（両者とも）が、その契約の無効を請求でき、後者善意の当事者のみがこの無効を請求できる。この無効は、何によっても治癒されない。	

3 まとめにかえて

〔資料Ⅱ〕
〔A〕 旧民法財産編304条1項
　凡ソ合意ノ成立スル為メニハ左ノ三箇ノ条件ヲ具備スルヲ必要トス
　第一　当事者又ハ代人ノ承諾
　第二　確定ニシテ各人力処分権ヲ有スル目的
　第三　真実且合法ノ原因
　　　本条と次に掲げるフランス民法1108条との比較に関しては，拙稿・前掲論文（1）中京法学16巻1号53頁以下参照。

〔B〕 第1108条〔基本的条件〕　合意の有効性にとって，以下の四つの条件が基本的である。
　　義務を負う当事者の同意
　　その者の契約を締結する能力
　　約務の内容を形成する確定した目的
　　債務における適法な原因
　　　　　　　　　　　　（法務大臣官房司法制調査部編フランス
　　　　　　　　　　　　　　民法典——物権・債権関係——）
　　　しかし，本条が合意（契約）の成立要件と有効要件を混同していることは，すでに指摘されているところであり，契約者の締結能力については有効要件，その他のものは成立要件として理解するのが，一般的である。

〔C〕 損害 lésion に関する条文として，「フランス民法1118条〔損害〕損害 lésion は，同一の款において説明されるように，一定の契約において，又は一定の人に対してでなければ，合意を瑕疵あるものとしない。」があり，そして，一定の契約における損害に関して，たとえば，「フランス民法1674条〔売主の取消権〕売主は，不動産の価格について12分の7を超えて損害を受けた場合には，契約においてその取消しを請求する権能を明示的に放棄し，かつ，差益 plus-value を与える旨を申述したときであっても，売買の取消しを請求する権利を有する。」など，その他関連法令がある。

Ⅱ　EC 各国における原因概念

〔D〕　フランス民法908条〔1972年1月3日の法律第3号〕
　＜①自然子は，処分者がその懐胎のときに他の者と婚姻の関係にあったときは，先の第759条及び第760条がそれらの者に付与するものを超えて，その父またはその母の生存者間の贈与又は遺言によって，なんら受領することができない。
　②ただし，減殺の訴権 action en réduction は，場合にしたがって，配偶者又はこの婚姻関係から生じた子がもっぱら相続開始後にでなければ，行使することができない。＞

(前掲フランス民法典――家族・相続関係――)

〔E〕　イタリア民法1325条（要件の指示）契約の諸要件は次の通りである。
一　当事者の意思の合致。
二　原因。
三　目的。
四　方式，法律によって規定されていることが明らかであるときはこれに反するものは無効である。

(風間鶴寿訳・全訳イタリア民法典〔追補版〕)

III フランス判例法における
委任報酬減額について
―― 給付間の対価牽連性を中心として ――

1 はじめに

　契約当事者間で定められた委任報酬であっても，それが過多である場合には，裁判所は減額を命ずることができる。これが，フランスにおける確定した判例の態度である。当初，かような判決を下した裁判所の見解は，契約自由の原則に反するため，当然，学者達から痛烈な批判を浴びた。しかし，右判例の結論が結果的には社会的妥当性を帯びていたことから，次第に是認されるようになり，現在においては，むしろこれを否認する者の方が少なくなっている。しかしながら，右結論にいたる法的根拠は極めて不鮮明であり，判例の理由付けは二転，三転し，学説においてもそれを支持する統一的な理論が存在する訳ではない。たとえその収拾がはかられるとしても，立法による解決が与えられない限り，不可能とさえ思われるほどである。

　かようなフランスにおける興味ある問題について，以下本稿でとりあげていくわけであるが，まず，委任報酬全般に関する判例の到達した結論の概要を述べ，そのうえで本稿での問題点を明らかにしていくことにする。

Ⅲ　フランス判例法における委任報酬減額について

　有償委任契約において，その報酬額は，委任者・受認者間の合意に従うのが，フランスにおいても原則である。そして，この合意が当事者間でなされていない，すなわち報酬額を決めないで有償委任契約が結ばれた場合において，裁判官はその額を決定することができ[1]，同時にその裁定（額）が絶対的なものとなる[2]。また，当事者間で報酬額の合意がなされていても，委任事務履行中の受任者の過誤や委任目的の達成に失敗したときは，委任者に対する補償金（indemnité）という構成のもとに，裁判官は約定されている報酬の減額を命ずることができるとする[3]。この範囲の減額に関するものであれば，わが法制下におけるそれと実質的な違いは少ない。しかし，フランス判例法の特殊性はこの範囲をはるかにこえているところにある。すなわち，当事者間において違法なく定められた報酬額であり，しかも受任者がその任務を過たずに履行した場合であっても，客観的にその報酬額が反対給付たる委任事務にくらべて過多だと思われる場合は，その約定された報酬額を裁判官は減ずることができる[4]とするのである。そして，このような権限が裁判官に認められるようになって，すでに1世紀以上の歳月がたち，いまや確固とした判例法（jurisprudence prétorienne）となっている。

　この判例法の結論を我々は直ちに肯定することができないことは当然である。しかし，「約束は守らなければならない（pacta sunt servanda）」という法格言がいまなお契約法の背景として大きな影響力をもつ我が国の現状からすれば，そこでネグレクトされた——もちろん全くという意味ではないが——給付間の均衡もしくは給付間の対価的牽連性という観点を追求するうえにおいて何らかの示唆を与えてくれる問題というべきであろう。具体的には，当事者の約定を破ってまで減額すべき根拠はどこにあるのか，そして，それが

なにゆえに委任契約の無効・取消ではなく，契約を有効としたままでの修正（減額）なのか[5]，また，その減額を可能とする理論構成はいかなるものであるか，など，論じられるべき点は多い。本稿では，そのうちの最後者について主に論じていく。

　本稿の比較法的検討の目指すところは，判例の上記結論を我が法に導入せよというものでもないし，契約自由の原則の限界を明らかにしていこうとするものでもない。第一，フランスにおける本問題についての理論構成のなかには，日本法には存在しない概念 (cause, lésion) が使用されているため，同一平面上での比較・対照は不可能に近い。ただ，本問題が契約自由の原則に抵触しながらも，それをこえる法文上にないところからの結論であるため，法規定・法制度の違いは決定的な断絶を意味するものではない。むしろフランス判例法の基礎の1つとされている労務と対価の客観的均衡並びに公平概念は，我が法における給付間の対価的牽連性概念に何らかのサポートを与えるものと思われる。

　最後に，本問題点におけるもう1つの大きな特殊性を注記しておかなければならない。それは，かような減額が認められる相手方，すなわち受任者が一定の職種にあるものに限定されているということである。代理人（専務代行人 agent d'affaire）を筆頭として，代訴人 (avoué)，弁護士 (avocat)，医者 (medécin)，公証人 (notaire)，銀行家 (banquier)，建築家 (architecte) などにのみ認められ，一般人間の有償委任には適用がない。これを以上の委任の法的性質と同次元でとれるか否かも，大きな問題である。もし仮に別個のものとしてとらえるのであれば，委任の契約内容の概念を変更しなければならないか，もしくは，これら職種類型の定型化を試みなければならなくなる。しかし，本稿の目的は右問題点に1つの解答を出す

Ⅲ　フランス判例法における委任報酬減額について

ことではなく，給付間の均衡をとるための手段を模索することにある。したがって，この後者の職種別による契約当事者間の力関係――本問題点における大きな要素の１つではあるが――には余り積極的に触れないことにしたい。けだし，この点に関しては，各国別の職業上・慣習上の特殊性もあるからである。

なお，ここでフランス学界での取り扱われ方も含めた本問題の歴史的経緯について，簡単に触れておいた方が以下の説明上便宜であると考えるので，若干の重複も生じると思われるが，略記しておきたい。

裁判所は，1800年代前半以降，理論構成の一貫性はないものの，着実に判例の集積を重ね，現在では何等の理論的根拠も示さずに減額判決を下している。これに対して学説は，この当初こそ判例の結論に反対していたものの，次第にこれを認めるものが多くなり，現在では通説的地位を確立した。ただ，理論構成における統一的見解はない。それにもかかわらず，もはや現在では，あまり活発な論議が闘わされていないのである。それは，１つに判例の結論が，いまやゆるぎのないものとなっていることがあげられる。そして，いま１つには，いずれの説にしてもその根底には公平観念があり，その部分は理論になりにくいということを各論者がよく知っているからだと思われる。したがって，この論議がもっとも活発に展開されたのは，カピタン（H. Capitant）とプラニオール（M. Planiol）に代表される，いわゆるコオズ理論の是非に関する論争の時代，すなわち1800年代後半から1900年代前半にかけてが，もっとも論議が盛んであったといえる。そしてその時代においては，判例もなんとか理論構成に努めようとしていたふしがうかがわれる。

2 判例における理論構成の推移

(1) 初期の判例

(a) 自然法的公平観念

　法典制定後まもなくして本問題点に関する判決が下された。破毀院審理部1824年5月11日判決[6]がその最初のものとされている。それによると、相続に伴い、被相続人の有していた債権の回収、及び相続人間における被相続人からの持ち出し財産の取り戻し事務を委任された代理人（agent d'affaire）が、それらの総債権額から一定のパーセンテージで報酬をうけることを決めた事例につき、相続人からの減額請求が認められたものである。すなわち、その労務に対して報酬額が明らかに過多である場合、裁判所には減額する権限があることを、本判決は示した。その法的根拠は明確ではない。しかし、それは最も基本的な公平という自然発生的な結論であり、絶対的ドグマであるというのが、右結論に至った理由と考えられている。

　以後、一部にこれと相反する判決[7]も見られるが、総体的には、右判例の理論構成及び結論が踏襲されていった。

　勿論、この裁判所の見解は学者達から非難された。すなわち、「合意の不可侵性は権利の最も本質的な基礎であり、可能な限り細心綿密に維持すべきものの1つである」[8]とか、「それが過多だという口実だけでは、約束された報酬を減ずる権利を裁判所に認めることはできないであろう」[9]と。

　これらの批判を要約すると、およそ次の3点に絞られる。①判例の結論は、「適法に形成された合意は、それを行った者に対しては、

法律に代わる」⁽¹⁰⁾という民法1134条1項の規定に反すること，②委任契約は，基本的に友誼性をもつものとするが，それが他の契約と区別されなければならない理由に乏しいこと，③これらの契約において，いかなる同意の欠缺も見出せないこと，である[11]。

(b) 委任の無償性

判例の理論構成として，次に出された画期的なものは，1867年1月29日破毀院民事部判決[12]である。破毀院民事部は，これより先，本問題につき判決を下している[13]が，それは前記1824年判決を踏襲するものであり，理論的根拠に乏しいものであった。

1867年判決は，融資の仲介者に帰する仲介料が問題になった事例である。判旨は，「委任はその本質から無償契約であり，反対の合意の場合（註——有償契約）においても，賃貸借契約とは違い，なされた労務と均衡がとれない場合，約定報酬を減額する権限を裁判所は有する[14][15]」と述べている。

この判決の理論構成，すなわち委任契約の本質的無償性もまた学説の総攻撃をうけた。先の1824年判決でうけたと同様，ここでも判旨は条文規定を無視していることに非難が集中した。すなわち，民法1986条は，「委任は，反対の合意がない場合には，無償である」と規定し，確かに委任の本質的無償性を認めているものの，一方でまた，有償性の存在も認めているのである。したがって，判旨のような有償性の理解は，委任契約自体の性質を変ずることになる。なぜなら受任者がもし営利目的で有償委任契約を締結したのであれば，それはもはや委任ではなく，労務の賃貸借もしくは無名契約ということになるからである。かような点については，後述3の学説の項にゆずることとする。

(2) 現在に至る判例の根拠

その後の判例は，理由付けに多少の変化はみられたものの，結論部分においては一貫性を有している。たとえば，理論的根拠にコオズを用いていると評価されているもの[16]，単に破毀院からの伝統に従って，公平にその根拠をもつと評価されているもの[17]等々の判例も一時期出現したが，その後現在に至るまでの判例は，もはや何等の理由付けも示さず，裁判所にはかような場合減額する権限があると結論を示すのみとなった。すなわち，「裁判所は，報酬の約定を制御する権利と，受任者がその任務を正確に果した場合でも，報酬が過多であると裁判所によってみなされ，なされた労務と均衡がとれていないとき，約定の報酬を減額する権利とをもつというのが判例である」[18]と。

したがって，このことをうけて，判例は本問題点につき，判例法 (juisprudence prétorienne) として，レジオンを認めていると分類する学者も少なくない[19]。

(3) 職種別適用について

判例の基礎に，職種別適用という，どうしても避けて通れないものがあるので，その結論部分だけ簡単に触れておく。

判例が報酬減額の対象とした受任者は，まず代理人 (agent d'affaire) に対してのみ限定的に適用された。しかし，次第にその範囲を広げ，弁護士[20] (avocat)，代訴人[21] (avoué)，医師[22] (médecin)，公証人[23] (notaire)，銀行家[24] (banquier)，建築家[25]

Ⅲ　フランス判例法における委任報酬減額について

(architecte)，経営コンサルタント[26] (conseil en organisation) にも適用されてきた。ここで注目したいのは，限界事例としての系譜専門家（généalogiste）についての判例である。

相続に伴い，相続人の確定を系譜専門家に依頼したが，彼に依らず相続人が確定したため，報酬の減額が請求された事例につき，下級審[27]はこれを本問題の領域内とし，逆に上告審[28]はこれを射倖契約[29]とみなし，本問題の領域外とした。

たしかに，下級審はコオズの問題として処理しており（学者によっては，その考え方を支持し，上告審を批判している）[30]，この事例と，本問題の事例とは，その実態においてなんらの差異はみられない。それにもかかわらず，判例が別構成をとって，減額を否定している点は興味深い。本件の系譜専門家と，先に掲げた代理人らとの間には，委託された事務とその者達の専門知識・経験等との相関関係の強弱の差があるようにも思われるが，それを立証する手段がない。もし，その差を立証することができれば，明確な類型化のもとに，職種による減額のシェーマが確立できるであろう。

3　学説の変遷とその論拠

(1)　初期における学説の対応

前述の通り，判例のかような結論について学説の多くが当初から支持していたわけではない。観点を換えていえば，19世紀における意思自治の原則の隆盛期において[31]，かような結論が認められること自体ありえないといってもよいであろう。具体的には，フラン

ス民法1134条1項の「適法に形成された合意は，それを行った者に対しては，法律に代わる」との規定を根拠として，当事者間で違法なく取り決められた合意を裁判官が修正することはできないとする。唯一オーブリ（C. Aubry）とロー（C. Rau）が減額は受任者の過誤の場合にのみ認められる[32]というくらいであり，その時代における学説の意思自治原則に対する遵守の念は徹底している。

判例が用いた委任の本質＝無償性に関して，これに同調する文献はほとんど見当たらない[33]。学説は当初から一貫して，この論拠を非難してきた。しかし，学説が次第に判例の結論を承認し，別途の理論構成でこれを認めようとしてきた背景には，特殊専門職種の従事者達が，その職能を利用し法外な報酬を請求していた事実，それに対する実務からの抑制すべきであるという要請によるものと思われる。

(2) 肯定説

(a) コオズ理論

カピタンを主唱者とするこの説は，コオズ概念によって本問題を肯定的に理論構成しようとした[34]。それによれば，カピタンもやはり民法典中の委任は無償契約の精神をもっているとする。しかし，条文規定に存在する有償委任も当然認めるのであり，また，無償の基礎をもっているからといって，それを直ちに理論構成の場へ持ち出すことには批判的であった。すなわち，かような精神は，その報酬額を単なる補償金の範囲に止めるべきであるという点に活かそうとした。したがって，ここでの有償委任契約における各債務のコオズは，受任者がなしとげるであろう労務と，その労務が委任者にも

Ⅲ フランス判例法における委任報酬減額について

たらすであろう利益ということになる。

カピタンは，判例を引用して[35]自己と同じ考えであることを立証する。そこでは，委任者側の現実の債務のコオズは，委任者側の債務本体よりもあとで判明するのであり，受任者は予期された労務をなしたという条件で報酬の権利を得るにすぎず，この予期された労務と実際に受任者が委任者になした労務とをはかる正しい衡りとなるのが，右コオズである。そのうえ委任者が要求された報酬を約束する時点において，委任者はまだ受任者がなすべき労務のことを正確には知りえないのであって，履行後はじめてその委任事務について情報を得るにすぎず，そのため，約束された報酬と，なしとげられた労務との間に一致（釣り合い）があるかどうか，その時点ではじめて評価しうるのである――したがって，委任事務終了後に委任報酬額を取り決めた場合については，労務と報酬のバランスを委任者が評価したものであるため，その合意による額は減ずることができない――と構成する。結局，かような労務の対価のコオズは，その労務と釣り合わない部分が欠如している（コオズの一部欠如）ということになるわけである。

カピタンのような考え方は，ローマ法，さらにはフランス古法の伝統を引き継ぎ，ポチエ（R. J. Pothier）をも引用し[36]，やはり委任の原則は無償であることを根底においている。したがって，彼のコオズ理論のなかでも本問題点の場合は特殊な部分に属するといえよう。すなわち，有償契約でありながら，その対価に――対価とは割り切って考えてはいないが――労務とは違う要素を加味・評価しているからである。

この点の不鮮明さをプラニオールは鋭く指摘する[37]。すなわち，有償委任は友人間の労務――好意による契約――ではないし，たと

え報酬額が予期しえないような状況下で契約の当初結ばれ，結果的に給付間の経済的不均衡を招いたとしても，その修正は右のような理論によらず，別途の理論構成，いわゆる不予見理論によらなければならないと。そして，コオズ概念を不要と考える彼は，カピタンのコオズ理論に基づいた上記の理論構成の非を次のようについている。

　受任者の労務は，委任契約のコオズとなる。それゆえ合意された報酬が，余りに多く支給されることもありうる。しかるに，コオズ理論は，公平観念をもつ反対当事者の存在を主張する——常に契約当事者として客観的合理人の存在を前提とする——。また，カピタンがコオズ理論を採用したとして引用している判例は，単にパルルマンの伝統を維持したにすぎず，それは，権利の濫用法理からきたものであると。

(b) 公平観念

前項でコオズ理論による理論構成を否定したプラニオールも，判例のこの結論まで否定していたわけではない。しかし，その論拠は弱い。単に「法的根拠の代わりに，この判例（の結論）が公平という確固とした根拠をもつことは確かである。代理人（agent d'affaire）が，度々その業務の利益としては高い幾ら幾らのパーセント形式で，絶対的なレジオンに該当するような報酬利益を客の無知や窮迫に乗じて約定するという濫用をしているためである」[38]と記するのみである。後の文献は，これをもってプラニオールが公平からこの判例の結論を認めていると分類しているが[39]，これでは，公平とはなにかが甚だ不鮮明である。そこで，後のヴェイル（A. Weill）とテレ（F. Terré）が，やはり公平を論拠としているといわれ

Ⅲ　フランス判例法における委任報酬減額について

ているので，それを拠り所としても，ただコオズの不充分さを技術的に正当化するものが公平であるとするのみである[40]。かような説明からすれば，ヴェイルとテレは，カピタンの説とプラニオールの説との中間的位置にあるといってよいであろう。ただ，ブーダン（Ch. Beudant）によれば，いずれの肯定説にしても，その基礎には1986条の立法趣旨——委任の本質的無償性——が加味されている[41]と分析している。

(c)　当事者の条件の不均衡

モラン（G. Morin）は，委任の本質的無償性やコオズによる理論構成を批判しつつ，かような判決の奥深い理由には，受任者と委任者の不平等性があるとする。すなわち，受任者は，その委任された事務を処理することに慣れているのである。したがって，委任者は全く受任者にたよらなければならないという両者の力関係が，このような契約の根源にひそんでおり，それが過多な報酬の約定という形で表面化してくる，と考えた[42]。

確かに，かようなモランの考え方は，「一般感情」をもっとも端的に表したもの——誰もが本論点を考えるうえにおいて，その根底にもっている感情——と評価しうる。しかし，それゆえに法的理論として，もっといえば民法解釈理論上のものとして立論しにくいものがある。すなわち，他方で要求されるべき契約の法的安定性をどのように保っていくか，との限界線も明らかにしておかなければならないからである。

3 学説の変遷とその論拠

(3) 否定説

　初期の否定説は除き，現在の圧倒的多数の学者が肯定説を唱えるなかにおいても，否定説は存在する。しかし，そのニュアンスから，現実の実務上の関係からか，理論的な問題としての否定説といった方がよいかとも思われる。

　カルボニエ（J. Carbonnier）はいう。「報酬は例外的ではあるが，司法統制の下に残しておくべきだということを堅持するために，委任の本質的無償性が引用される。しかし，報酬の約定は1986条そのものによって適法であるし，（他の）全ての同意と同様，撤回不能とすべきであろう」[43]と。そして判例の結論の真の正当性は，歴史と公平に由来するとしている。

　また，リーグ（A. Rieg）は，コオズの一部欠如という考え方を否定し，レジオンの拡大された範疇としてとらえるべきだとする[44]。

　ところで，このレジオンを採用すべきだとする学者は多い。ブーダンをはじめとして，スタルク（B. Starck），ヴェイルとテレ，マルティ（G. Marty）とレイノー（P. Raynaud）なども明言は避けているものの，その方向にむいているといってよいであろう。しかし，レジオンとしての構成に好意的な学者達の考え方といっても，決して一様ではなく各人各様である。すなわち，リーグはコオズの一部欠如の理論的破綻を主張するがため，ブーダンは，判例が成人間のレジオンの新類型を創設したとして，また，マルティとレイノーやヴェイルとテレはコオズ理論との関係を不鮮明にしたまま，判例はレジオン構成をとると評価している。そのなかでもマルティとレイノーは幾分否定的な表現がみられる。

93

Ⅲ　フランス判例法における委任報酬減額について

(4) 若干の整理

(a) コオズとレジオン

残された問題として，コオズの一部欠如とレジオンの関係について触れておこう。

いわゆる，コオズ理論の詳細についてはここではおくが，本来，コオズは，その存在・不存在，適法・不適法をもって債務の成立・有効を決定する一要素とされている（1108条，1131条）。しかるに，それに経済的等価バランスをも加味させ，双務契約関係において，両債務間のバランスの不均衡の問題もコオズの領域とし，コオズの部分的欠缺と解する考え方である。

一方，レジオンは，公平をその存在基盤として，法律に規定する一定の場合に限り，当事者間の給付の経済的不均衡を是正するものである。

そのようにみていけば，コオズの一部欠如は，本来のコオズ理論から幾分離れた，いわば，社会便宜的な理論構成であり，レジオンは，ローマ法からの伝統により法の弱者に対する救済制度であるという，それぞれ異なった根源をもつことがわかる。しかし，実際上の両者の違いは，すでにみてきたように少ない。

そこで，この両者の違いを学者はどのようにとらえているであろうか。コオズの一部欠如理論を認めるマゾオ（H., L. et J. Mazeaud）は，両者の差異の少なさを承認しつつも，なお，理論的区別は可能とする。すなわち，コオズの一部欠如は，職種上の原因をその基盤とし，レジオンは特定の条件下の一般的な給付均衡をめざしていると[45]。また，ゲスタン（J. Ghestin）によれば，レジオンが財貨や

労務の（金銭的）対価についてのみ規定されているのに対して，コオズは，その他の給付物にまで広く適用されるとする[46]。しかし，いずれにしても，両者の基盤は公平もしくは経済的等価にあり，少なくとも本問題点に関する限りその差異を云々する実益には欠ける。事実，いくらかの学者は，両者をほぼ同様に考えている[47]。

(b) レジオンとしての構成

判例は，民法1118条の規定から，レジオンの適用拡大には極めて厳格であった。したがって，本問題点についても，判例はレジオンについて触れていないし，まして拡大適用などとは一言もいっていない。しかし，本問題点に関する学者達の分類をみてみるに——その取り扱い方は各人の説に従い区々ではあるが，少くとも教科書レベルにおいては——，レジオンの項において，何等かのかたちでこれに触れている。すなわち，積極的に判例法（jurisprudence prétorienne）としてレジオンの拡大適用類型とするか，それとも他の理論構成では不可能であり，かといって判例が古くから認めてきた結論を無視しえず，消極的にレジオンの枠に入れているか，の差はあるものの，レジオンを抜きにしては語れないのが，本問題点の現状である。

問題を要約すれば，レジオンには，条文上，その適用範囲が厳格に制限されており，これを無視できないのが判例の態度であり，一方，学説の多くは，いまや判例の強固な結論を一種の法規範として，本問題をレジオンの枠に入れているといえる。

Ⅲ　フランス判例法における委任報酬減額について

4　まとめに代えて

　本問題点における判例の態度は，一定の要件のもとに委任者からの減額を認めるというものであり，その要件とは，①専門知識を必要とする一定の職種に就く者が，②客観的に過多な報酬を要求した，ということになる。これを報酬額の減額という結論に結び付けるため，どのように理由付けするかが本問題点の最重要課題であるにもかかわらず，現在に至ってはなんらの理由付けもしなくなってしまった。ここに至っては，カルボニエがいうように，歴史と公平だけがその正当性の根拠になっているといってよいであろう。そして，レジオンの一態様として立法化するか，さもなくば，判例法上認められたレジオンの一態様とするかしか残された道はないように思われる。

　それでは，我が法の考え方にどのような影響を与えうるのであろうか。まず，本問題の解決に関して我が法上の処理方法として，暴利行為の適用が考えられる。しかし，我が法のこの種の適用は，極めて厳格であり，前述①よりも②の方によって，その適用を排除されるであろう。そこでは，給付間の均衡という以上に私法罰的な意味での無効というサンクシオンの色彩を帯びているためとも判断できる（この基本概念の違いは特に留意されるべきであろう）。

　次に当事者の利益の均衡という側面から，事情変更の原則と相通じるところがある。すなわち，契約の成立・存続を認めつつ，減額請求を許すという点においてである。しかし，本問題点には客観的な事情の変更という具体的な利益保護を破る要因はない（底流にあ

4 まとめに代えて

る信義則とは極めて似かよっている点に注目すべきではなかろうか。——その他、減額請求を条文上認められているものもいくつかあるが、それらとは対価の決定基準という面において異なること言をまたない)。結局、現行日本民法およびその解釈において、かような減額請求を認める適当なものは見当たらないということになる。そうだとすると、行きつくところは裁判官により当事者の意思解釈——結局は合意の欠缺——により決着をつけるほかはないということになろうか（ただ、そこで認識しなければならないことは、契約の成立に関する合意と価格決定の合意とは、全く別物ではありえないが、後者が前者に完全に包含されてしまうものでもないということである）。

フランスにおいては、委任契約の本質的無償性ということが潜在的に意識されているが、そうでなくとも、全ての有償契約において給付間の対価的牽連性ということは、少なからず問題にしなければならないことであろう。すなわち、給付間の客観的等価交換性という当事者間の利益のバランスをはかるなんらかの理論——信義則とか暴利行為のような大鉈をもって処理するのでなく、もう少し微細な部分での利益調整であり、かつ契約法上の理論。たとえば、フランスにおけるコオズの一部欠如理論のようなもの——が、今後必要になってくるものと思える。

〔注〕

(1)　Paris, 9 mars 1951. D. 1951. 551.

(2)　Req., 8 janv. 1980. D. P. 91. 1. 22; 19 mai 1930. S. 1930. 1. 30.

(3)　Req., 24 juin 1872. D. P. 75. 1. 21; Bordeaux, 18 juillet 1898. D. P. 99. 2. 95; Paris, 23 janv. 1912. S. 1913. 2. 27.

(4)　なお、仕事完成後に支払った報酬に対する減額請求は認められない（Rouen, 26 oct. 1928. D. H. 1928. 599; Civ., ler mars 1932, Caz.

III フランス判例法における委任報酬減額について

　　Pal. 1932. 1. 780; Civ., 19 janv. 1970. D. 1970. Somm. 117.)。
(5) 我が法からのアプローチの1つとして，暴利行為の適用の是非が考えられる。これに関しては，大村敦志「契約成立時における『給付の均衡』」法学協会雑誌104巻1〜4号参照。本稿は右論稿の第3章第1節第1款（104巻3号）の部分に関するものである。
(6) 　Req., 11 mai 1824.S. 1825. I. 133.
(7) 　Paris, 27 juin 1863. D. 63. II. 164.
(8) 　G. Demlombe, Revue de législation, 1846. t. II. P, 447.
(9) 　C. Aubry et C. Rau, Cours de Droit civil français, 5e éd., ch. du mandat. その他，G. Baudry et L. Barde, Traité des obligations. t. I. p, 311; F. Laurent, Principes de Droit civil français, t. XXVII. n° 347 et s..
(10) 　法務大臣官房司法制調査部編・フランス民法典——物権・債権関係——の訳による。以下，フランス民法典の法文訳は全てこの訳による。
(11) 　Voir J. Péan, De la réductibilité du salaire du mandataire, Th., Rennes, 1936.
(12) 　Cass. civ., 29 janv. 1867. D. 1867. I. 53.
(13) 　Cass. civ., 7 mai. 1866. S. 1866. I. 273.
(14) 　同判決は，付加的に同意の欠缺の概念も引き合いにだしている。すなわち「当該支払は，法外に高い（支払の）同意を内包する契約の性質から，道徳規範を重視するがために行使された。すなわち，民事上の観点から不法行為を構成しないまでも，まさしく自由な同意の欠缺の原因となる」とも述べている。
(15) 　その他に，この理論構成を明確にするものとして，次のようなものもある。「委任は，その本質からいって慈善行為である。民法1986条が受任者のために報酬の約定を許しているのは，立法者が当事者に，勝手に委任料を取り決めることによって寛大で無私無欲な性質をその契約から全く奪いとることを許したかったのではない，というこの条文の草案の説明に起因する。すなわち，報酬は等価の報酬下に存すべきであり，報償金をおいておくべきであり，決して儲けを含むことはできない」(Lyon, 15 mars 1893, La Loi 93, 815)。

4 まとめに代えて

(16) Bordeaux, 13 déc. 1912. S. 1915. 2. 28.
(17) Civ., 3 déc. 1929. Caz. Pal. 1930. 1. 30.
(18) Riom, 14 mars 1967. D. 1968. 167. 右判旨が，もっとも明確にその趣旨を表現していたため引用した。
(19) B. Starck, Droit civil les obligations. n° 814; Ch. Beudant, Cours de droit civil français, t. XII. n° 319.
(20) civ., 21 juillet 1964, D.1964. 677. note Crémieu, J. C. P. 1964. II. 13662; Aix-en-Provence, 29 nov. 1955, D. 1956. 398. note Crémieu; Paris, 25 avr. 1968, Gaz. Pal. 1968. 2. 136; Pau, 18 déc. 1968, D. 1969. 466.
(21) Poitiers, 15 janv. 1908, D. 12. 2. 245; Trib. civ. Seine, 25 mars 1925, D. 1926. 2. 118; Cass. Req., 9 déc. 1930,Gaz. Pal. 1931. 1. 126; Trib. civ. Harve, 24 mars 1933, Gaz. Pal. 1933. 2. 32.
(22) Nancy, 24 juin 1925, Gaz Pal. 1925. 2. 406; Trib. civ. Nice, 21 fév. 1924, S. 25. 2. 128; Dijon, 12 juin 1928, Gaz. Pal. 1928. 2. 539.
(23) Cass., 20 juin 1923. D. 1923. 1. 308; Cass., 19 mars 1929, S. 29. 1. 271; Bourges, 23 janv. 1934, S. 1934. 2. 113.
(24) Req., 19 fév. 1895, D. 95. 1. 224; Civ., 8 mars 1897, D. 97. 1. 131.
(25) Cass., 5 nov. 1923, S. 1924. 1. 215.
(26) Rennes, 17 avr. 1968, R. T. D. C. 1971, 172.
(27) Paris, 25 janv. 1954. R. T. D. C. 1954. 299.
(28) Cass. civ. ler, 17 avr. 1956. R. T. D. C. 1954. 714.
(29) 「射倖契約 contrat aléeatoire は，あるいは当事者のすべてにとって，あるいはそのうちの1又は数人にとって，利益及び損失に関する効果が不確実な出来事にかかわる相互的な合意である」（フランス民法1964条）。
(30) A. Weill et F. Terré, Droit civil, Les obligations. n° 214; Starck, op. cit., n° 814.
(31) Cf. V. Ranoul, L'autonomie de la volonté: Naissance et évolution d'un concept. 1980.
(32) Aubry et Rau, op. cit., t. XII. n° 319.

III フランス判例法における委任報酬減額について

(33) それに対する批判は,前述 2〔注〕(3)(4)参照。
(34) Capitant, De la cause des obligations. n° 98.
(35) Capitant, ibid., —Paris, 3 avr. 1873; Paris, 14 déc. 1910.
(36) Pothier, Traité de contrat de mandat, n° 22.
(37) Planiol et Ripert, Traité pratique de droit civil français. t. VI. n° 214.
(38) Planiol et Ripert, op. cit., t. XI. n° 1484.
(39) Beudant, op, cit., t. XII. n° 319. なおマルティとレイノーも公平説をとるとされているが,「もし,この判例がレジオン理論と結びつくのであれば,コオズや同意の欠缺概念と全く別物であるとはいえない」(op. cit., n° 154.) としているところは,不鮮明さが残る。
(40) Weill et Terré, op. cit., n° 204. 2).
(41) Beudant, op. cit., n° 317.
(42) Morin, La loi et le contrat: la décadance de leur souveraineté p. 64 et s..
(43) Carbonnier, Droit civil IV. n° 38.
(44) Rieg, La réle de la volonté dans l'act juridique. n° 310.
(45) Mazeaud, Leéons de droit civil, t. II. 1er vol. n° 276.
(46) Ghestin, Traité de droit civil. II. Les obligations. n° 204, 2).
(47) Weill et Terré, op. cit., n° 214.

〔附 記〕
　本稿は,1986〜7年在外研究員として,フランス・ストラスブールに滞在していた間に,執筆したものである。そのため,日本法の資料がなく,その部分に関しては欠落が多いこと,ならびに帰国に伴なう移動中の資料の散逸から〔注〕の完成度が低いことをお断りしておく。なお,その間にお世話になった方々にこの場を借りて謝意を表したい。

Ⅳ 契約当事者間における相互依存関係についての一考察
―― 駐車場契約を例として ――

1 はじめに

　近代市民法社会においては，契約自由の原則に基づき，契約内容を当事者間で自由に決定することができるとされている。しかしながら，そのことは，契約内容が両当事者の完全な「意思の合致」の上に成り立っているということまでをも意味するものではない。契約の締結にあたっては，ほとんどの場合，一方当事者から契約内容が提示され，それを他方当事者が承諾するという方法がとられる。しかしその際，他方当事者がその内容を何の遺漏もなく完全に認識し，その上で契約締結に至ったかということは，必ずしも断言できないし，その点で訴訟が行なわれる場合が多々生じていることも事実である。

　この問題は，錯誤の領域内のものとして取り扱われる場合もあるが，単に，裁判官による契約の解釈という方法によって処理される場合もある。そのような場合に，解釈の一つの客観的かつ合理的基準として，契約当事者間における債務の相互依存関係があげられるものと思われる。すなわち，通常の場合は，当事者意思を推測していくわけであるが，当事者意思を推測しようにも，契約当初から当

Ⅳ 契約当事者間における相互依存関係についての一考察

事者間に意思の完'全'な'る'合致などは、どこにも存在しなかったのであり、当事者の主観的意思の推測は意味がない。それを客観的かつ合理的な線に落ち着かせようとする作業は、とりもなおさず当事者意思の擬制にほかならない。しかし、これを逆に、意思の完全なる合致を求めて、その合致がない限り拘束力を持たせず、錯誤無効とするのも不合理であろう。そこで、意思の擬制は擬制として、一定の画一したシェーマに基づいて、それを確立していくならば、充分是認されるうるものとなるのではないか。

そこで、客観的かつ合理的な基準としての契約当事者間における債務の相互依存関係を考察する。すなわち、契約における両当事者の債務は、等価交換の原則をもってバランスをとっていくべきものであって、契約当事者間で紛争が生じた場合、そのバランスによってある程度両当事者の債務内容も客観的に決定されるべきであり、その範囲において、契約当事者の両債務は相互依存の関係にあるとみるのである。このことを、一般に認められている代物弁済予約の担保的機能という例（必ずしも適例ではないが、敢えてわかりやすくするために誤解を恐れずとりあげる）をもって、簡単に説明すると、たとえば、1,000万円の債務に対して1,000万円相当の物を代物弁済するとの予約が常になされているのであれば、その目的がどうであれ何も担保的構成をもちだす必要性はそれほど生じなかったのではないだろうか。しかし、100万円の債務に対して1,000万円相当の物を代物弁済する旨の予約がなされた場合、しかもそれが裁判上の争いとなった場合、その代物弁済予約は担保目的をもってなされたものとして契約内容を解決すべき必要性に迫られたと考えられなくはない。けだし、100万円と1,000万円の財貨の交換は常識的には考えられないからである。その結果、1,000万円相当の物の丸取りは否

定され，100万円の限度で清算がなされるのであるが，このことは，契約内容（目的）の解釈の問題であるとしても，その内容を解釈するに至る基盤には当事者間の対価的な相互バランスが衡られているということをも意味するものといえよう。かように契約当事者間においては，それが裁判上の争いとなった場合，等価交換の原則によって両債務内容が決定されるべき要素をもち，その意味で契約当事者の両債務は相互依存の関係にあるといえる。かようなことを，駐車場契約[1]を一つの例としてあげ，論証していくものである[2]。

勿論，かような相互依存関係を契約内容の解釈の基準として用いることは，本稿のごとき場合に限らず，たとえば，無償契約における当事者間の義務についても有用であると考えているが（後述4参照），そこまであつかうと論旨が拡大しすぎるので，ここでは駐車場契約の法的性質の解明に絞って論ずることとする。他のものについては他日を期したい。

2 駐車場契約の法的性質

(1) 駐車場契約の類型

一般に駐車場契約と呼ばれているものは，自動車を駐車させるために締結する契約の総称であり，その実際上の態様及びそれに伴なう法的性質も多岐に亘っているであろうことは容易に想像のつくところである[3]。

かような問題を検討するに際しても，その各態様をいくつかの類型に分類し，考察していくのが最も妥当な方法と思われる。しかし

Ⅳ 契約当事者間における相互依存関係についての一考察

ながら,この類型化は,必ずしも容易なものとはいえない。何故なら,類型化の規準を何に置くかが重要な岐路となってくるからである。そこで,既に試みられている2種の類型化を掲げ,その比較・検討から試みることにする。

まず第一の類型化(以下,その類型化されたものをA類型という)は,駐車場の物的施設とそれを誰が直接に管理しているかを類型化の基準として,4類型に分類している[4]。

- A—1 「空地の四囲に柵を張り,内部に自動車1台づつを収容しうる小さな車庫を数個設け,或は自動車数台を収容しうる車庫内に区画を設け,車庫の鍵を利用者に渡し,特定の車庫或は特定の区画を特定の利用者に利用させ,しかも通常は管理者が常駐していないもの」

- A—2 「空地の四囲に柵を張り,その地上に自動車単位面積の区画を設け,柵内に入る鍵を利用者に渡し或は鍵は全くなく,特定の区画を特定の利用者に利用させ,しかも通常は管理者が常駐していないもの」

- A—3 「駐車場の入口に管理者が常駐して,駐車場内は自動車単位面積に区画されてはいるが,利用者に特定の区画に対する利用という関係がなく,管理者の指示する場所に自動車を駐車させることとなっているもの——この場合逆に自動車保有者が自動車の鍵を管理者に渡さなければならないことになっている場合が多い」

- A—4 「空地(建物といえる程度の建造物があるときもある)の四囲に柵を張り,その地上に自動車単位面積の区画を設け或はこれもなく,柵内に入る鍵を利用者に渡し或は全くなく,駐車場内に適宜な場所を各利用者に利用させ,しかも管理者が常駐し

ていないもの」

次に,第二の類型化（以下,その類型化されたものをB類型という）は,典型契約における要件（法規範）を強く意識し,有償・無償なども含め契約締結にむけられた当事者の目的・意思内容をその類型化の基準とし,これもまた四つの類型に分類している[5]。

B—1 「旅館,デパート,飲食店等を営む者が,顧客のために自己の駐車場に無料で駐車させる場合」

B—2 「繁華な場所で,時間もしくは分単位の駐車料金を決め,駐車させる場合」

B—3 「更地を当座これといって使用する目的のないまま,暫定期間無償もしくは比較的低廉な価格で駐車させる場合」

B—4 「1ヶ月単位で駐車料金を決め,一定の場所に駐車させる場合」

A・B両類型を比較してみると,A類型においては,事実的側面に忠実であり,逆に法規範の存在をそれほど意識してはいないといえよう。すなわち,外形的な物的施設をそのメルクマールの中軸に据え,法規範上の契約的側面として,管理主体というものを加味させている。例えば,A—1類型とA—2類型の差異は,物的施設として建物があるかないかの違いでしかない。それは,契約的側面からすれば,駐車場利用者が物的施設を管理するのであり,不動産の貸借関係として同一類型ともいいうるものである。ただ,当事者間の義務・対抗要件などにおいて若干の違いを有するものである。

また,A—2類型とA—4類型とは,全く競合する場面の可能性も考えられる（「特定の区画を特定の利用者に利用させ」と「駐車場内の適宜な場所を各所有者に利用させ」との表現の違いは,適宜な場所の受け取り方によっては同一となりえよう）。つまり,A—2類型とA

Ⅳ 契約当事者間における相互依存関係についての一考察

―4類型とは，物的施設の側面からすれば近似しているのであり，ただA―4類型は，駐車場経営者が区画変更権を留保しており，特定区画に対する貸借関係が生じない（寄託関係がないことも前提となっている）とする点に，A―2類型との差を設けている。しかし，このA―4類型の表現が単に物的施設の側面からなされているが故に，右のような差異が生ずることが，鮮明に表われてはいない。

一方，B類型においては，外形的な物的施設には，ほとんど類型化基準の価値をおいていない。そこでは，むしろ内面的な当事者の意思にその価値基準を見出している。極論すれば，典型契約のなかから駐車場契約に該当可能なものを抽出し，それを現実面における法的事実と対峙させて類型化を図っているともいえる。その点で，駐車場契約の各類型が典型契約のなかのいかなる契約に該当するかは，比較的鮮明にはなるが，逆にB各類型とも，通常おこりうる最も典型的な形態（模範的類型）をとらえていることにより，個別特殊事例における問題までも，充分フォローしうるか否かについては疑問が残る（A類型との比較においてもわかるように，B―4類型では対抗問題にまでは対処しえないことなどがよい例であろう）。

ここで，法社会学と法解釈学との接点に位置する類型論にまで，立入ることはしないが，類型論は，社会的現実から抽出される法現実（法的事実）を的確かつ忠実に把握しなければならないことは，その性格上当然のことである。しかし，同時にそれは，法規範の上にも投影されるものでなければならない。つまり，法現実を規範的形態類型におきかえる作業が，ここで要求される類型化である。故に，類型とは，生活現実と法規範との中間に位置するものといえる[6]。その点で，A類型は，その中間領域のなかでも，生活現実に近いものであり，B類型は逆に法規範に近いものということにな

2 駐車場契約の法的性質

ろう。しかしながら、A・B両類型間に規範的形態を狂わせる程の差異は生じているとは思われない。そこでA・B両類型中の各類型の相関関係を、次に検討するのであるが、その前に、それをよりわかりやすくするために、各類型に与えられた法的性質の評価を簡単にとりあげることにする。

A―1類型は、建物の賃貸借[7]、A―2類型は、土地の賃貸借[8]としている。もっとも、これらはいずれも有償契約のみを想定しているのであり、駐車場使用者が、その対価を支払う必要がない旨の取り決めがなされているような場合（無償契約）には、当然、使用貸借ということになろう。しかし、そのようにいっても、一般に、A―1類型は勿論のこと、A―2類型についてさえも、A―4類型などに比べると、多額の設備投資を行なっているのが通常であり、そのため資本回収の用をなさない無償ということは原則として考えられない。単に、親族・知人間における情宜関係に基づき、駐車場の一部の数区画についてのみ無償で貸借させるという可能性を有するにすぎない。

A―3類型は寄託契約とする[9]。これについては余り問題はない。ただ駐車場における寄託契約という面で、若干の問題がないわけではないが、それは、類型に典型契約をあてはめるという作業とは関係ないので、ここではふれず後述することとする。

最後に、A―4類型であるが、これは、従来の典型契約にはない新種の契約類型であるとする。すなわち、「この場合、土地等の所有者は、区画双互に良し悪しがあっても、なおその選択を利用者間の一種の競争に委ねて、或は一応の帰属を容認しても、その区画指定変更権を留保し、特定の利用者に特定場所の専用を確保せしめないのである。そのうえ、この種にあっては経営者が自動車を預かる

Ⅳ 契約当事者間における相互依存関係についての一考察

という関係も存しない。(原文は改行) 駐車場利用者に,特定の場所についての契約上の確たる権利がないことから,これを賃貸借とみることは困難であり,各利用者間に共同関係の如きも存在しない[10]」とする。

確かに,右指摘どおりA―4類型に完全に適合する既成法典上の典型契約は存在しない。しかしながら,ここで考慮されなければならないことは,いかなる典型契約にもその要件からして該当しえない場合であっても,なお新たに要件・効果を付け加え非典型契約として存立させるだけの意義もしくは実益を有しているかどうかということである。

A―4類型において,もし当事者が寄託契約を締結しているのであれば,その場合はA―3類型に包含されることとなり問題はない。しかしA―4類型は,そのようなことを志向しない場合を言っているのであるから,ここでは,むしろA―1類型,A―2類型におけるような貸借関係に類似するものといえる。ただ,その際,問題となるのは右指摘の如く,駐車場利用者に特定の区画が指定されていないことである。すなわち,そのことにより,特定の場所の貸借関係が生じえないとすることである。

A―4類型においても当然のことながら,契約の目的は自動車を駐車させることである。そして,それに必要な空間は,自動車1台分の空間であって,それより拡大も縮小もしない。ただその空間が駐車場内のどの場所かという特定がないだけである。それでは,逆に,駐車場所の特定されているA―2類型をみてみるに,特定区画を指定されていることにより,いかなる効果があるのか。たとえば,その特定区画に利用者の氏名もしくは車台ナンバーが表示されることにより,対抗力を具備しうるか。現在の法制度からすれば認めら

れないであろう。そうだとすると、他に効果面で多少の違いが生ずる可能性があるとしても[11]、大筋においての差異は生じないと思われる。また場所の特定についても、A—4類型には特定区画というものではないが、特定場所（駐車場）内の一定空間（自動車1台分の空間）ということで、厳密ではないにしても特定されるものと思われる。かように考えれば、A—4類型もまた、貸借関係（賃貸借もしくは使用貸借）にたつものと解するを妥当としよう。

　一方、B類型については、前述の如く比較的その法的性質が判明しやすい。B—1類型は、いわゆるレセプツム責任[12]の生ずる場合を特に一つの類型として掲げてある。これは、厳密に言えば、契約類型の範疇には入らないかもしれない。特に法規説に従えば、レセプツム責任を付随義務として構成するのであるから[13]、ここで他の類型と同一平面上に列挙するのは不適当かと思われる。ただ、駐車場内の自動車の保管責任という面から、寄託契約とは切り離して掲げておく価値がないわけではない。B—2類型は寄託、B—3類型は基本的には使用貸借であるが、勿論それと同じくらいもしくはそれ以上の確率で賃貸借の場合が考えられる。そして、B—4類型は賃貸借としている。以上のように、B類型は、類型の対象とする法的現実の把握に精密性を欠く部分もあるが（たとえば、前述の如く、B—4類型において、建物といえる車庫がある場合と単に地面の上だけの区画では、対抗問題において差異が生ずる）、各類型に法的性質の評価をなすうえにおいては、余り問題はないと思われる。

　そこで、A各類型とB各類型の相関関係を右の法的性質の評価に従って、みていくこととする。

　まず、寄託という点で、B—2類型とA—3類型とが対応する（B—1類型も関連はするものの、先にも述べたようにここでは一応除外

Ⅳ 契約当事者間における相互依存関係についての一考察

して考えていく)。この両者において，その想定している態様はほぼ同一であることがわかる。

次に，貸借関係（賃貸借と使用貸借）にあるとするものは，B類型ではB—3類型とB—4類型であり，A類型ではA—1類型とA—2類型，そして多少問題はあるにしても先になした検討に従えばA—4類型ということになる。そこで，右貸借関係が有償であるか無償であるかによって，それが賃貸借か使用貸借かに分かれるのであるが，A類型においては，その区別をしていない。というよりも，有償契約を念頭においているわけで，無償契約をその対象からはずしている。よって，B—4類型に対応するものは，A—1類型，A—2類型，A—4類型のすべてということになる。ただニュアンスからすれば，最後のA—4類型は，むしろ，B—3類型に対応するものと思われる。

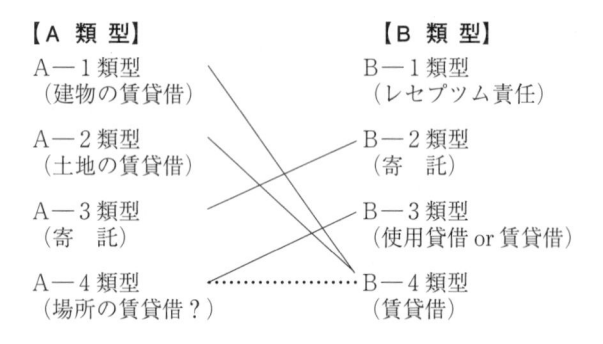

【A 類型】　　　　　　　【B 類型】
A—1類型　　　　　　　 B—1類型
（建物の賃貸借）　　　　（レセプツム責任）

A—2類型　　　　　　　 B—2類型
（土地の賃貸借）　　　　（寄　託）

A—3類型　　　　　　　 B—3類型
（寄　託）　　　　　　　（使用貸借or賃貸借）

A—4類型　　……………　B—4類型
（場所の賃貸借？）　　　（賃貸借）

ここまで，既になされている二つの類型化を中心に，その比較・検討をしてきたわけであるが，A・B両類型とも，必ずしも完全なかたちで類別されてはいないことがわかると思う。それは，当初に述べておいた類型化の基準が駐車場契約において，非常に多様であ

ることに拠る。A・B両類型で，当事者の意思（契約目的），対価の有無，物的施設，管理主体等はその基準として採用されてはいるが，他にも，契約の基礎となっている状況，駐車場の場所的環境，対価の高低，社会的通念等の条件が，右基準にからみあってくるからである。

(2) 駐車場契約の法的性質とその特徴

　以上のような駐車場契約の類型的検討の結果，駐車場契約は基本的には大きく分けて，二つの契約類型に分かれていることがわかる。すなわち，貸借関係と寄託関係である。そこで，次にその内容を簡単に述べていく。

　まず貸借関係は，対価の有無によって契約類型が違ってくる。すなわち有償であれば賃貸借契約，無償であれば使用貸借契約ということになる。

　賃貸借契約において，それが建物の賃貸借か土地の賃貸借かにより，若干の法的効果の差異が生じてくる。すなわち，建物の賃貸借であれば，借家法が適用されることとなり，引渡によって対抗力が付与される（借家法1条1項）。もっとも，建物といっても，各駐車場利用者に指定された特定区画が個々の独立性を有するものでなければならないことは当然であって，たとえば，土地効率を高めるために何階建てかの建物にした駐車場であっても，単に線引き区画しかしていないようなもの[14]は，この範疇に入らず，場所の賃貸借ということになる。

　ところで，右のように建物の賃貸借については対抗力の具備が認められるのだが，土地の賃貸借については，それが容易には認めら

Ⅳ　契約当事者間における相互依存関係についての一考察

れない。すなわち、駐車場利用に際し、指定された特定区画に利用者の氏名もしくは利用自動車の車台ナンバーを立札等で表示しても、法的には何の意味もなく[15]、現行法制度において明確にその対抗力について規定するものはない。結局は法政策論ということになる。そうだとすると、ここで余り深く立入ることは適当でないと思われるが、感想程度のものを述べるとすれば、本来、人が賃借居住するために定められた借家法の適用範囲を貸ガレージのような建物についてまで拡げていることの方がむしろ問題がある。すなわち、借家法という経済的弱者救済の法をもって、日本の社会ではまだまだ奢侈品の部類に入る自動車の保有を保護することの方こそ問題であろう。もし、その必要があるとしても、基本的には他の法制度によるべきである。

　次に、無償の貸借関係たる使用貸借契約について考えてみよう。ここでは余り問題となるものはないが、無償ということに簡単にふれておく。すなわち、使用貸借の無償性を使用貸人・使用借人のいずれの側でみるべきかということである。この場合、有償・無償の区別とは、相手の債務に対する対価の有無ということであるから、当然、対価を支払う側、すなわち使用借人の側でみなければならない。ほとんどの動産についての使用貸借の場合、それは使用貸人に対して、その物の使用という消極的な費用（コスト）はかかるものの、積極的な費用（コスト）の負担をかけなくてよいから、使用貸人と使用借人との間で無償性について差はない。しかしながら、駐車場においては、管理維持費というものがかかってくる。すなわち、公租及び四囲の柵の修繕などに必要な費用が生じてくる。公租負担については、全ての不動産使用貸借に等しく生ずるが、四囲の柵の修繕については、駐車場利用者が数人いる場合、お互い共同の関係

2 駐車場契約の法的性質

にたたないので、一旦は、どうしても使用貸人が自らしなければならなくなる。その際、使用貸人はその費用（公租も含む）を負担すれば、積極的な財産の消費を生ずる。勿論、この費用は必要費として使用借人から償還しうるが（民法595条）、これを対価という名目で使用借人からあらかじめ徴収しても、その性格は本質的には必要費であり、契約自体の無償性を奪うものではない。使用貸人側としても対価としての積極的な財産を蓄積できないからである。そうだとすると、使用貸借は、無償もしくは管理維持費相当分の低廉な対価の限度内で成立すると解すべきであろう。

次に寄託関係についてであるが、これについても、有償・無償によって受寄者の義務に違いがあることは法文解釈上からも当然である（民法659条）。ここで問題となるのは、たとえば、1ヶ月単位で駐車料金を支払い、駐車場の特定区画を利用し、かつ駐車場経営者がその駐車場の自動車を保管する旨の取り決めがなされていた場合、その契約の法的性質についてである。

すでに検討した類型的考察からすれば、かような場合、基本的には賃貸借契約であり、寄託契約が付随しているものとみなされる[16]。これを変種の寄託契約1本と構成することも可能であるが、不自然な場合が生じてくる[17]ので右のように構成するのを妥当としよう。

そこで、次に問題となるのは、寄託契約が要物契約であって諾成契約でないこと、および、駐車場内にある場合にのみ自動車を断続的に保管することが、一つの寄託契約で掌握できるかということである。

まず前者については、今日一般に諾成的寄託契約が承認されているので[18]、ここではふれないことにする。むしろ、駐車場契約の

Ⅳ 契約当事者間における相互依存関係についての一考察

特殊性から言えば,後者の方が問題となる。すなわち,断続的に行なわれる保管を包括的にとらえられるかということであるが,寄託物の特定及び保管場所の特定によって承認されうるものと考える。この場合,特定の自動車が受寄者の支配領域内の特定区画に存在する間にだけ受寄者に保管責任が生ずるとするのであるから右のような寄託契約も是認されるものと思う。また,逆に,本来,受寄者が一定期間保管しなければならないところ,寄託者が自己使用のため,その保管してもらうという利益を放棄し,受託契約の効力が一時停止していると考えてもよいかと思われる。いずれにしても,商法において,これとほぼ同種の倉庫寄託（商法597条以下）が認められているのであるから,それほどの異論もないところであろう。ただ,その前提として,民法上でも諾成的寄託契約が法的認知をうけていなければならないことは,論理的必然である。

以上,ここまで述べてきたことから,駐車場契約の本質を分析すれば,およそ二つの要素の存在が認められる。

一つは,自動車を管理すること。すなわち駐車場内に駐車中の自動車を利用者の方が管理するのか,それとも駐車場経営者の方が管理するのかは別問題として,そのいずれかが当該自動車を管理しなければならないことは,確かである。換言すれば,管理義務がいずれにあるかという前提には,少なくともどちらかが管理しなければならないのである（もっとも,具体的事例として生ずる場合は,駐車場経営者に管理義務があるか否かという表現でなされるが）。

いま一つは,自動車を管理するために必要な空間の存在である。すなわち,前出Ａ―3類型,Ｂ―2類型においても当然管理するだけの空間が必要なのであって,たとえば,ある場所で用事のある者が,駐車違反にならないために誰かに頼んでその周辺を乗り廻して

2 駐車場契約の法的性質

もらっているような場合とは、その性質を本質的に異にするのである。

かような観点からすれば、駐車場契約とは前者のような人的要素と後者のような物的要素との結合によって、はじめて成立しうるものと考えられる。そこで次に、かような人的要素と物的要素の関連性を考察してみる。

先にみてきたように、駐車場契約の法的性質は、大きく分けて、貸借関係か寄託関係かのいずれかである（もっとも、両者の混同形態が存在する可能性も述べておいたが）。そこで、貸借関係を右要素で考えると、人的要素については、利用者自らが管理することになる。その際、駐車場契約という取引の場で対象となるものは、物的要素、すなわち駐車場経営者側に所属する土地・建物等の物的使用価値のみということになり、駐車場経営者が管理するという労力は取引の対象とはならない。一方、寄託関係においては、駐車場経営者側の労力が主たる取引対象となる。しかしながら同時にこの場合、物的要素も必要であることは前にも述べた（そうでなければ、いわゆる「満車」という状態は生じない）。すなわち、貸借関係においては、人的要素は取引対象にならず、単に物的要素のみがその対象となる。一方、寄託関係においては、人的要素、物的要素ともに取引対象となる[19]。そうだとすると、貸借関係と寄託関係とを経済的観点から比較した場合、寄託関係の方が貸借関係よりも、よけいに費用（コスト）がかかることがわかるであろう。そしてこのことを対価面に敷衍させれば、他の条件（たとえば、場所・設備等）が同一であれば、寄託関係の方が貸借関係よりも、経済的にハイ・コストであるとするのが社会的一般通念であろう。かような両者の比較は、寄託関係と貸借関係の全般にわたるものではなく、駐車場契約

という場面に限定したものであり、その点においては同一平面上の問題としてとらえられ、決して異次元のものを比較したわけではない。

3 対価と相互依存関係

これまで述べてきたところは、駐車場契約の一般的な性質についてである。それはあくまでも、右法的性質を学問上分類・整理したにすぎない。これを実務に有用たらしめるには、まだ多くの問題が残されているものと思われる。すなわち、当事者間で契約内容の解釈に争いが生じた場合、ここまで検討したことをもって、その紛争の解決の一助たらしめることができるであろうか。つまりは、ここまでに述べてきたことは、極めて原則的な平常時での問題であって、紛争時の問題ではない。その場合にあっては、多くは当事者間で行なわれる立証の問題へと移行していくわけであるが、当事者の主観的意思の証明などは、かなり困難なものがある。そこで、かような主観的問題をいくらかでも客観的基準から推察させるシェーマを形成する必要があろう。

駐車場契約においては、駐車場経営者側に保管責任があるか否かが、特に実務上問題となるところである[20]。また保管責任があるとしても、それが自己の物と同一の注意義務で足りるか、それとも善管注意義務を要求されるのかも問題となる。そのような場合、まず第一に吟味されることは、当事者間で取り決めた合意内容についてである。通常の場合、両当事者で取り交わされた契約文書によって判断されるが、それがない場合、もしくは右責任付与または責任

3 対価と相互依存関係

排除が附合契約性を有する場合は、契約文書が決定的な決め手とはならない。極論すれば、合意内容があやふやであるからこそ、紛争が生じるものといえる。よって、当事者の意思そのものからは、紛争を解決させる基準は導きえないであろう。

そこで、その当事者間の合意内容を明らかにするため何らかの客観的基準をさがしていかなければならない。そうだとすると、先に類型化の基準としてあげておいたものが有用となろう。すなわち、物的施設・管理主体・対価などがそれである。

物的施設については、メリーゴーランド方式やバウザー方式などを採用していた場合、ある程度その契約内容について推察することができるが、その他の場合については必ずしも明瞭であるとはいえない。そして、逆に、右のような方式の駐車場は、設備に少なからずの資本投下がなされており、慈善事業でない限り、資本回収のために、必ずその対価に影響がでてくるはずである。

また、管理人が駐車場に常駐している場合も、一応は寄託契約を想起させうるが、必ずしも駐車場経営者側が保管責任を負わなければならないというものでもない。これもまた、保管責任を負うとすれば、それに対する労力に支払われる人件費が、当然、対価としてはねかえってこよう。

これらを収斂させていけば、必ずしも完全な基準とはいえないにしても、比較的有用なものとして、対価という基準が浮かび上がってくる。そこで、この対価を中心として、以下に検討していく[21]。

ある債務にその対価が支払われるか否かによって、その契約が有償契約か無償契約かに分かれる。本稿でとりあげた寄託および貸借についても、当然そうであり、それらは各々有償寄託・無償寄託、賃貸借・使用貸借に分かれ、かつ、各々同種の契約でありながら、

Ⅳ 契約当事者間における相互依存関係についての一考察

有償か無償かによって当事者双方の義務内容が違ってくる。周知のことであろうが、このことを寄託を例にとって簡単に説明すると、受寄者に寄託の対価が支払われた場合（有償寄託），受寄者は寄託物に対して善管注意義務を負わなければならない。一方，対価のない寄託（無償寄託）については，受寄者は寄託物に対して自己のものと同一の注意義務でよいとされる。善管注意義務と自己の物と同一の注意義務との関係は，必ずしも注意義務内容の軽重とはいえないが[22]，実質上は，一般に善管注意義務の方が自己の物と同一の注意義務よりも重い注意義務である場合が多い[23]。かように，契約によっては，対価と義務内容とは，少なからず牽連性をもつものといえよう。ここで，賃貸借・使用貸借の比較は控えるが，やはりこのことと類似のことがいえるものと思われる。

かように，契約の義務内容と対価の関係に牽連性があるとするならば，本稿で問題とした駐車場契約についても，それを演繹しえないものであろうか。

すでに考察してきたように（前述2(2)），駐車場契約の法的性質は，大別，貸借及び寄託の2種に分かれるが，それらはまた，駐車場契約という平面で同一基盤をもっている。そして，両者を経済的側面から比べた場合，他の条件が全く同じであれば，契約取引の対象となる費用（コスト）は，寄託の方が高くなることも述べておいた。

以上を総合すると，駐車場契約において，その合意内容が明らかでないが故に当事者間で紛争が生じた場合，そこで支払われた対価が，決定的ではないにしても，一つの大きな基準となるものとの結論に至る。すなわち，駐車場契約につき当事者間で争われる問題の多くは，駐車場経営者に保管責任があるかないかについてである。

その際，当事者間で当初取り決められた合意内容を推察することは困難さを伴なうと同時に，もはや訴訟をする程もつれこんだ当事者間の関係に解決を与えなければならないのであるから，その基準となるべきものはある程度客観的妥当性を有するものでなければならないものと思われる。そうだとすると，駐車場経営者が保管責任を有するか否か——有償寄託か賃貸借か——は，他に決定的要素がない限り，先に述べた契約の費用としての対価の高低によって決せられるべきであろう[24]。そして，有償寄託と賃貸借の境界線は，周辺の同一条件の駐車場の標準料金もしくは一般社会通念（場所的な便利さの効用等を含んだ相当価額の推定）によって決せられるべきであろう[25]。もっとも，このことは決定的基準ではないことは言うまでもないところであるが，かなり高い確実性をもって，契約内容の解釈基準となりうる。それは，現代取引社会において，経済的効用（エコノミック・ユティリティ）がその重要な位置を占めているからである。

4 まとめと展望

　契約自由の原則も行為規範として当事者間に紛争が生じなければ別に問題はないが，当事者に紛争が生じた場合，裁判規範として現代においても充分な役割を果しうるであろうか。むしろ，現代においては，客観的な等価交換を基盤とし，当事者間の義務内容のバランスを衡って紛争解決へと導びかなければならないのではないだろうか。このことは，有償・双務契約について，特に強くいえることである。すなわち，一方が金銭的対価を支払うのであれば，それに

Ⅳ 契約当事者間における相互依存関係についての一考察

対応する程度の内容の義務が相手方に要求されよう。たとえば，200万円の価値のある自動車を1万円で売るという売買契約も，売主に不平がなければ，当然有効なものとして処理される。しかし，履行の段になって売主が履行を拒絶した場合，客観的な等価交換下で結ばれた売買契約（200万円の価値のものを200万円で売買するというような）では生じない何か別の拒絶原因があると推察することは想像に難くない。右のような設例の場合，特に贈与色の濃い売買契約であり，もしこれが贈与契約であれば，それが書面によらない場合，履行は拒絶できる（民法550条）。しかし，右設例は従来の契約自由の原則からすれば，あくまでも売買契約であって，そうだとすると，売主は当然契約の拘束をうけることになる。これに対する私の解釈はここでは差し控えるが，右のような問題も，本稿の問題の射程距離内であることを，個々に明記しておく。

右に関連して，本稿のような観点からすれば，保管責任の内容についても，たとえば，対価100円に対する善管注意義務と，対価1万円に対する善管注意義務とは，当然その内容が違っていてもよいように思えるのだが，善管注意義務とは，本来そのような性質を含んでいないのであるから仕方がない。

また，無償・片務契約においても，等価交換とほぼ同様の効果が与えられるべきものと思う。そこでは，反対給付について一様な法的把握がなしえないので，なかなか難しいものがある[26]が，原則的な考え方においては有償・双務契約のそれと変りはないはずである。すなわち「片務」といっても，必ずそれに対する原因があってはじめて存在するのであり，その原因なしにその債務の存在は考えられない。単に，その原因となる反対給付が法的把握をなしえないから片務となっているにすぎないのである。そうだとすると，片務

4 まとめと展望

契約においても原因と債務との牽連関係を具さに観察し、それを有因的にとらえていかなければならないものであろう。これらについては、1で断ったように、いずれ別稿として他日に期したい。

いずれにしても、契約当事者間での両債務もしくは一方の債務と他方の原因は、お互いに依存しているのであり、それを経済的に等価にするようバランスをとることは、紛争解決に導く一つの客観的意思決定基準となる。換言すれば、このことは契約目的の推察方法ともいえる。ただし、これが絶対的決定基準というわけではなく、あくまで一つの考え方である。

〔注〕
(1) 自動車を駐車するために締結する契約の総称であり、一般に「駐車契約」もしくは「駐車場契約」と呼ばれるが、本稿では、駐車場契約という。
(2) 私は、かつて駐車場契約の法的性質に関する判例評釈をしたことがある(判例タイムズ411号104頁)。そこにおいても、本稿と同じ観点から自己の見解を簡単ながら表明しておいた。しかしながら、与えられた紙面の関係もあり、充分にそれを論証するまでには至らなかった。そのため、単なる思いつきの域をでないものとして受けとられかねず、残念な思いをしたことがある。故に、本稿は、そこでやり残した宿題の意味も兼ねて、論述するものである。
(3) 大橋正爾「いわゆる駐車場契約について」明治大学法政研究所紀要7号77頁が、その問題について最初に扱ったものであろう。本稿では扱わなかった実務上の資料も豊富であるので、その点を補充するものとして参照されたい。ただ、公刊年(1963年)からして使用収集年代が古いと思われるかもしれないが、その実態はほそれほど変っているものではなく、現在においても充分通用するものである。
(4) 大橋・前掲83—84頁。

Ⅳ　契約当事者間における相互依存関係についての一考察

(5)　拙稿・判例タイムズ411号105頁。ただし，判例評釈のテーマが，駐車場経営者に保管責任が生じるか否かというものであったため，保管責任の有無という基準も，その類型化の遠因となっている。

(6)　ラーレンツの類型論によれば，ここでの類型は，法的構造類型（der rechtlichen Strukturtypus）と呼ばれることになる（Vgl. Karl Larenz, Methodenlehre der Rechtswissenschaft. 3Aufl. 1975. S. 450ff.）。なお，神田博司「法学における類型」上智法学論集8巻2号121頁以下，北川善太郎・日本法学の歴史と理論342頁以下参照。

(7)　大橋・前掲90頁。

(8)　大橋・前掲91頁。

(9)　大橋・前掲101頁。

(10)　大橋・前掲105—106頁。

(11)　たとえば，10台分のスペースしかないのに11台分の契約をした場合と，特定区画を二重に賃貸した場合とでは，訴訟の方法が違ってくるであろう。なお，対抗力についても〔注〕(15)参照。

(12)　レセプツム責任は，日本法では商法上に規定されている（商法594条2項・3項）。外国の立法例としては，民法に規定するものが多い。ドイツ民法701条以下，フランス民法1952条以下，イタリア民法1783条以下など。明石三郎・注釈民法(16)242—243頁参照。

(13)　明石・前掲243頁。

(14)　メリーゴーランド方式，バウザー方式などもこれに含まれる。

(15)　ただし，所有権留保や譲渡担保において行なわれている「ネーム・プレート」の効力と対比して考えれば，法的意味の生じる場合もないわけではない。

(16)　この場合の保管責任の発生原因は，寄託契約の締結とみて支障はないであろう。

(17)　本契約を寄託契約1本と解するのであれば，保管責任の特約が途中で排除された場合，賃貸借契約を結びなおさなければならなくなる。

(18)　我妻榮・債権各論中2巻705頁，明石・前掲244—245頁。また，来栖三郎・契約法589頁は，有償寄託にのみこれを認めている。

4 まとめと展望

(19) もっとも，寄託関係においては，特定区画以外の通路等まで使用する場合があり，その場合には物的要素にかかる費用は，貸借関係におけるそれよりも，幾分低廉にはなるが，大きな差ではない。

(20) 判例としては，保管責任を認めたもの2件（大阪地判昭42・9・26判例タイムズ214号228頁，大阪地判昭53・11・17判例タイムズ378号122頁），保管責任を否定したもの1件（鳥取地判昭48・12・21判時738号98頁）がみうけられる。

(21) かようなことを考えるに至ったのは，直接的ではないが，間接的にポズナー教授ほかの法と経済学（law and economics）の理論に影響をうけている。Cf. Richard A. Posner, Economic Analysis of Law, 2nd ed. 1877. Anthony T. Kronman and Posner, The Economics of Confract Law, 1979.

(22) 善管注意義務は抽象的軽過失に対応するものであり，自己の物と同一の注意義務は具体的軽過失に対応するものである。於保不二雄・債権総論〈新版〉29頁，96頁は，後者を軽いものとする。

(23) なお，於保「無償契約の特質」契約法大系Ⅰ84—85頁参照。

(24) 大橋・前掲103頁にも，場面は違うがほぼ同様のことが示唆されている。

(25) その点，有償寄託（主として時間ぎめ駐車場に代表される）と賃貸借（主として月ぎめ駐車場に代表される）との料金上の差異は今日何処においても顕著である（月ぎめが時間ぎめの割引として認められない）。

(26) 広中俊雄・契約法の研究47頁。

V 使用貸借関係の解消について

1 はじめに

　使用貸借契約は，無償契約であるが故に，「緊密な特殊関係のある者の間でないと成立しない」[1]。このような基本的な視座は，過去・現在を問わず変わりのないところであろう。したがって，民法の起草者達もこのことを当然認識していたので[2]，使用借権の相続性を否定したのだが，その他の点においては，近代的契約観に立脚して編纂が試みられた結果，使用貸借契約の当事者が，親族間であろうが，他人間であろうが，有償契約の場合と全く区別することなく，一律に規定したし，そのことは，ある意味で当然のことと思われる[3]。

　しかし，また一方で使用貸借契約の当事者が緊密な特殊関係にあるということは，当事者間において，その物の利用が無償であるという認識はあっても，明確な契約意識をもってなされることも少ないといえよう。しかもそれが民法典に規定されている有名契約の1つの「使用貸借」であるという意識をもってなされることはほとんどないものと思われる[4]。それ故，多くは契約締結において明確な契約文書を取り交わすこともないはずである[5]。ただ，契約内

V 使用貸借関係の解消について

容が不明確であるからといって、直ちに契約履行上における問題で当事者間の紛争を生じさせるものではない。すなわち、有償契約である賃貸借と比較してもわかるように、使用貸借の場合、裁判上での争いは契約内容如何についてではなく、契約関係の解消、すなわち貸借物の返還請求というかたちで行われる。それはこの契約のサンクションが契約関係の解消しかないことによるものであるが、そのことは同時に、当事者間でその貸借の基盤となっている緊密な特殊関係が消滅・希薄化したことを意味するものでもある。いずれにしても、使用貸借に関する問題を裁判例からアプローチする場合は、その貸借期限の終了もしくは解約が認められるか否かが焦点となるため[6]、そこを端緒としなければならないことになる。

使用貸借関係の解消が条文上認められるのは、用法違反に伴う解約（民法594条3項）の場合、使用期限の終了（597条）の場合、借主の死亡（599条）の場合である。このうち、使用期限について、確定期限や不確定期限が決まっている（597条1項）とか、不確定期限として機能しうる目的が取り決められている場合（同2項）は問題がない。しかし、終期が明確とはならない目的しか設定されていない場合や期限の定めのない場合、同条2項但書や3項によって、貸主の返還請求に対して直ちに応じなければならないとすることが、はたして社会の要請にあっているかは疑問であり、そのことは、不動産の貸借、特に建物所有のために設定された土地利用に関して顕著になってくる。

また、期限の問題とは別に、この当事者間の緊密な関係が当該貸借の基盤となっていることは契約締結における当然の前提であるが、その関係が忘恩行為等により破綻した場合、もしくは相続等による当事者の変更に基づき情誼関係が希薄となった場合、なおも同じ使

1　はじめに

用貸借契約に当事者を拘束させておくべきかという点も，やはり，前述の場合と同じく，比較的長期を予想される建物所有のための土地利用において問題となってくる。

したがって，本稿では論点を明確にするため，次のような事例を念頭に置き論じていくことにする。すなわち，建物所有のための土地利用という比較的長期に及ぶことが当然当事者間で予想しえたにもかかわらず，利用期間が取り決められていないか，もしくは当事者間で取り決められたとみられる使用目的が終期決定基準とはなりえないものであり，しかも緊密な関係が消滅・希薄化した場合である。そしてその場合に，使用貸借の終了・解約を認めるか否かを検討していきたい。これは換言すれば，現行規定をそのままに解釈すると社会的妥当性を有する結論へと導きえないことについての問題であるともいえよう。本稿での対象をこのような一事例に限定したために，たとえば，建物所有のための土地以外が目的物である場合や，期限が設定されていたとしても忘恩行為等によって情誼関係が破綻した場合などは，そこからははずれることになるが，基本的な考え方は変わることがなく，それらのものについても敷衍できるものと思われる。

そこで，本稿では，まず立法者の意図した使用貸借とは，どのようなものであったかについて概観し，そこで考えられていた使用貸借と現在における判例の動向を対比することで，なおも立法者意思を尊重すべきかどうか，そうでないならばどのような考え方をしていくべきなのかについて検討していくことにする。

Ⅴ 使用貸借関係の解消について

2 立法者意思

　日本民法における立法者達は，使用貸借という契約について主としてどのようなものを想定していたか，法典調査会において議論された中から，それを探ってみたい。ところで，起草者の1人である富井政章は，使用貸借の条文説明の冒頭において，「使用貸借ノ規定ハ大抵何処ノ国ノ法律モ大体ハ同ジコトデアリマス即チ羅馬法ノ通リ殆ンド変ツタモノハナイノデアリマス本案ニ於テモ既成法典（旧民法）ニ僅カノ修正ヲ加ヘタ丈ケデアリマス」と述べている[7]。しかしながら，現行民法を旧民法に対比させてみると，「僅かに修正しただけ」であるかどうかは疑わしい点も多々見受けられる。したがって，そのことも併せて指摘していくつもりである。
　まず期限に関して，旧民法における使用貸借契約は，期限の約定があるものとないものとの2つに分けて考えられていた。そして，約定期限があるものでも，期限の到来以前に，約定した使用が終わった場合（財産取得編200条1項本文後段）や貸主が予測できなかった不意の入用の場合（同203条2項）は，返還しなければならないとしていた。一方，期限を約定していないものについては，1回的使用で足るものであれば，その使用終了後の返還は当然のこととして，そうではなく継続して使用するようなものについては，貸主が裁判所に請求することで，適当な期限を裁判所が判断するようにしていた（同200条2項）。
　これに対して，現行民法は，期限を次のように修正した。すなわち，約定の期限（597条1項）と使用目的の終了もしくは使用目的

に必要な期間の経過（同条2項），および期限を定めていない（同条3項）場合の3つに分類した。そして，旧民法での例外的処置である期限前の使用終了や貸主の不意の入用による返還，および期限を定めていない場合の裁判所の介入を排した。このように修正した理由は，1つに，借主の使用借権を——これを認めるにつき積極的・消極的の違いは立法者の間で争いはあるものの[8]——明確にしたこと，また1つに，裁判所の介入は出来るだけ避け，当事者間の合意に重きを置いたことにある。また，諸外国や旧民法において認められていた貸主の不意の入用（必需）による返還を日本法ではとらないこととしたのは，贈与においても排除したのであり，それとの均衡を保つために削除された[9]。また，2項に使用目的を用いたのは，スイス債務法やドイツ草案等を参考にしたものであると立法者自らが述べている[10]。

さらに，立法者の法典調査会での発言からすれば，大方の使用貸借には，その目的物によって期限は自ずと決まっていることが多いと考えていた。そのことは，議事録の次のようなやりとりの中から読み取れる。

「馬をいつ返せと言わないで貸した場合それはどうなるのか」という質問（箕作麟祥）に対し，富井委員は「目的物の性質によって使用の目的が決まっているので，借主は目的にそった使用を終わるまで使うことができるが，目的が決まっていない場合は，いつでも請求によって返還しなければならない」という趣旨を述べている。さらに，質問者は「継続シテイツ使用ヲ止メルカ分ラヌ始終馬ニ乗ルヤウナ人デアレバ——詰マリ使用ノ目的ハ定マツテ居ラヌ時期モ定マツテ居ラヌト云フ場合ニ裁判官ニ依ツタラドウ云フ風ニ此精神ヲ解シマスカ」と続けたが，それに対して富井は，「例ヘバ役所ニ

V 使用貸借関係の解消について

乗ツテ往クコトニ極マツテ居ルヤウナ場合ニハ一年間ト云フヤウニ多クノ場合ハ極マツタコトガ多イト思フソレガ言ヘナイ場合ハ仕方ガナイ」と応えている。これは、質問に正対した応答とはいえないものであるが、それほどに自明の如く、ほとんどの場合は貸借物によって目的すなわち期限が決まると考えていたようであり、目的も期限も決まっていない場合は極めて少ない（3項の適用は誠に狭い[11]）と考えていた。

そのように見てくると、立法者の見解として、解約と終了の区別を明確にしているわけではないが、597条は2項も含めて、使用貸借の終期決定基準を示すものであり、特に、期限の定めがない場合、一般則たる412条（調査会の時点では411条）3項の原則に戻るとしていることは[12]、ちょうど597条の1項〜3項を、412条の1項〜3項とパラレルにとらえていたのではないだろうか。すなわち597条1項には、確定期限・不確定期限とも含まれるであろうが、2項にいう「使用目的」も、上記の議論でもわかるように永久に続く使用目的というものは立法者の想定外であって、不確定期限と同じレベルのものに考えていたのではないかと思われる。

そのほか、後に本稿で取り扱う相続に関する問題についても、ここでその歴史的経緯を簡単に取り上げておこう。旧民法の起草者ボアソナードは、母法であるフランス民法をこの点について若干変更した。すなわち、フランス民法は、合意の効力を尊重し、契約当事者が死亡しても期限まで契約が有効に存続することを原則とし、例外として借主の個人的理由による貸借につき相続はしないとしている（仏民1879条）。これに対し、ボアソナードは、使用貸借が借主の一身専属的信用に基づくものであるとの理由から[13]、貸主の死亡によって契約は終了しないが、借主の死亡により原則として終了

するものとした。例外として，貸借の意図が借主の家族の便益をも考えていた場合など，借主の死亡により終了させないとの意思が存在する場合につき，相続を認めた（旧民法財産取得編196条2項）。すなわち，フランス民法と旧民法は原則と例外が入れ替わっているのであって，そうだとすると実質的にはあまり変わりはないものといえよう。これについて，現行民法は，例外を認めず，原則のみの表記となった[14]（民599条）が，これは，使用貸借における規定が任意規定である旨が示されていたため[15]，例外規定をもうける必要がなかったことによる。なお，調査会では，貸主の死亡によっても終了する（「使用貸借ハ当事者ノ一方ノ死亡ニ因リテ其効力ヲ失フ」）という修正案も出されたが，否決されている。ここでは，あくまで貸借が借主の特別な事情に基づく一身専属的な使用から生じており，貸主の死亡による終了という規定は他に立法例がないという理由が示されている[16]。

最後に，本稿が問題を限定した目的物である建物所有のための土地についてであるが，もちろんそのような限定的な問題を立法者達は取り扱っていない。そこで，不動産の使用貸借に関し，立法段階で使用貸借の目的物が動産であるか，不動産であるかの区別について，何らかの配慮がなされたかどうかに触れておくことにする。その区別をしていない現行規定の上からもわかるように，法典調査委員会で具体例として出てきたものは，「活版ノ器械」，「地面」，「田」，「畠」，「乗馬」，「家」，「箱」，「火鉢」などがアトランダムにとりあげられている。しかし，起草委員の1人である梅謙次郎は，その著書において，「使用貸借ハ殆ト常ニ動産ニ付テノミ存スルモノ[17]」であり，「古ハ使用貸借ヲ動産ニ限リタリシ[18]」としつつ，現実的には希少ではあるが，家屋，宅地，田畑などの不動産の場合もある

V 使用貸借関係の解消について

としているところをみると，立法時における典型事例は動産であったものと思われる。そのことは，議事録中の「此使用貸借ト云フモノニモ無論不動産モアルデセウ…」(横田國臣発言)[19]というところでも確認できる。もっとも，不動産について，それを例外的に認めるというのではなく，たとえば，民法598条における原状回復に関する問題では，収去について不動産の使用貸借を例に引きながらの議論しているのであって，それが特殊事例という意識があったものとも思われない。そのことは，梅個人は，動産・不動産についての違いをこのように認めているのであるが，使用貸借の起草担当は富井であったこと自体は余り関係がない[20]にしても，条文表記上で両者の差異を付ける必要はなかったことから，表面上にそのことは現れていないといえよう。

以上の如く，立法者の意図した使用貸借の典型例は，使用期間が比較的短期であり，物の使用期間も，ほとんどの場合，物の使用目的によって自ずと決まっていると考えていた。更には，契約という形態は，通常，それは他人同士でなされることを想定し，親族間ではありえないとまでは考えていないにしても例外的にしか生じないとの前提があったと想像される。このような使用貸借が，本来型の使用貸借として認識されるべきものであろう。

それに沿っていけば，本稿の問題としている事例，すなわちそれは現実的には親族かそれに近い者の間でしか設定されないような例ではあるが，当事者が誰であったとしても，期限を定めないか終期の決定ができない目的しか定めずに，土地を無償で貸借し，その上に借主が建物を建てた場合，立法者はその土地使用貸借の使用期限をどのように考えたのか文献から窺い知ることはできない。もし条文通りに解するとすれば，期限の設定がないとして597条3項によ

り，貸主の請求により直ちに建物を収去して，土地を返還しなければならないと考えるのか，それとも，建物所有が目的であるとして597条2項により，建物が朽廃するまで返還請求ができないとするかという極端な二極のどちらかに解せざるをえないことになる。しかも，いずれをとったとしても，その結論は，多くの場合，妥当性を欠くことになるものと思われる。

　このような事例が極めて稀であれば，それほどの問題もなかったかも知れない。しかし，近時の裁判例を見ると，まさにこの立法者が想定していなかったと思われるような事例が多数を占め，その数も少なくない。さらには，このような事例には，必ず当事者間における情誼関係の破綻・希薄化が生じており，問題をますます複雑にしている。なぜなら，契約成立当初の情誼関係が存続していれば，貸借関係は当然継続しているはずであるし，貸借関係が終了することになったとしても訴訟の場に持ち出されることはありえないないからである。

3　判例にみる終了・解約事由

(1)　近時の訴訟における争点

　使用貸借に関する判例は，ある時期まで極めて少ないものであった[21]。すなわち，第2次大戦以前は，使用貸借に関する判例の数は極めて少なく，戦後において，その数が増えてきたことには，権利意識の変化や家族法の改正なども多分に影響しているものとも思われるが[22]，それを立証しうる資料はない。しかもすでに，使用

V 使用貸借関係の解消について

貸借に関する判例の分析検討には、優れた論文が世に出ており[23]、そこでは条文や判例の解釈、当事者間の関係、貸借物の種類等を基準として、緻密かつ詳細な整理・検討がなされている。したがって、本稿では、屋上屋を重ねることは避け、先にも述べたように、建物所有のための土地利用に対象を限定し、次の2点に絞り検討を加えていく。すなわち、①当事者間に契約締結当時存在していた情誼関係が、後に破綻してしまったか、当事者が相続により交代してしまったため情誼関係が希薄になったという主観的要因と、②相当期間の経過が使用貸借契約の存続にどのような影響を与えるかという客観的要因についてである。それによって、先に述べた両極端のどちらかではなく、その中間に位置する解決方法が存在しうるかということを模索していきたいと考えている。換言すれば、近時の使用貸借における裁判上の問題は、立法者の考えていた典型的な使用貸借ではなく、終期の不明確なものであり、かつ立法者の言を借りれば「その時は仕方がない」(すなわち597条3項を適用する)ということになるのであろうが、それがあまりにも短絡的な結論へと陥らないようにするための回避方法ということになる。

ところで、使用貸借契約解消の二態様である終了と解約に関して簡単に触れておかなければならないであろう。借主の死亡(599条)や期限の到来(597条1項)が終了であり、用法違反(594条)が解約であることには問題がない。目的の達成(597条2項本文)、不達成すなわち目的達成に足りるべき期間の経過(同但書)や期限の定めのない場合(同条3項)、筆者としては先に見た立法者意思の観点(412条と597条をパラレルに見る)から、終了と考えたいが、2項但書については、「同条本文の趣旨の展開であり、使用貸借の無償性にかんがみ、貸主に与えられた解約告知権の規定と解すべきであ

ろう」[24]とされている。ただ，後にみていくように判例がとる597条2項但書類推適用の場合は，解約であることに異論はない。いずれにしても，多くの学説は，どちらに解しようとも効果においてあまり差が生じることもないため[25]，この点をあまり問題としていないし，本稿でも，解約，終了は，いずれも契約関係の消滅・解消であり，その点の是非については区別しないことをお断りしておく。

(2) 情誼関係の破綻・希薄化

(a) 597条2項但書類推適用

使用貸借の期限が不明確な場合，裁判所はその基準を597条3項に求めることは極力避け，2項における目的に求めようとすることが多い[26]。ところが，判例にみる目的は，必ずしも統一された見解があるわけではない。そもそも597条2項にいう目的とは，両者が合意した目的か，貸主の目的（無償貸与の目的）か，借主の目的（使用の目的）か，それらのいずれかということになろうが，先述したように立法者の意図していたものは，本来その物を使用すべき借主の用法ともいうべきものであり，かつ貸主もそれを認めているもので，しかも何らかの形で「終期決定基準」へと結びつくものであったと思われる。ところが，今日問題となっている「目的」は，必ずしもそうではないことを，判例のとる597条2項類推適用とは何を意味するのかの問題を通してみていくこととする。そこで，そのリーディング・ケースである［判例Ⅰ］最判昭和42年11月24日[27]を取り上げてみたい。事案を要約すると，次のようになる。

父親および兄弟と会社（当初は父親の個人商店）を経営していた長男（Y）は，両親の所有する土地上に建物を建て所有し，Y自身

V 使用貸借関係の解消について

も使用し会社にも使用させていた。その後Yが会社の代表取締役となり，会社経営の実権を握り始めた頃から，他の兄弟は同会社から去り，Yも両親への仕送りもしなくなるなど，Yと両親・兄弟との関係が急速に悪化し始めた。Yは，仕送りができないほど経済状態が悪かったわけでなく，Yとその妻子は裕福な生活をしていたため，ますます両親の感情を硬化させてしまった。その後，3，4年かけ，第三者を介入させて和解の努力もなされたが，結局は徒労に終わった。その間，父親は，会社を引退し，かつ自己の最も重要な財産である自己所有の右土地を，Y1人に私されるのを嫌い，生活・結婚資金として母親とY以外の兄弟（Xら）に贈与していた。そこで，Xらは，Yに対して，右占有が無権限であるとして，建物収去，退去，土地明渡及び損害賠償を請求した。

第一審は，Xらの請求をほぼ認めたため，Yは，使用貸借に基づく使用権を有するとして控訴した。原審は，まず次のような認定をした。本件土地使用関係は，両親とYとの間で黙示的に成立した使用貸借に基づくこと，右契約には返還時期の定めがないこと，さらには右契約の目的の一部として，Yが本件土地上に本件建物を所有して居住し，かつ，会社の経営をなすことがあったが，それはYに本件土地使用の利益を与えることのみに尽きるのではなく，Yが他の弟妹と協力して会社を主宰し，その経営によって生じた収益から老父母を扶養し，なお余力があれば，弟妹をもその恩恵に浴させることを眼目としていたこと，そして，本訴提起の時に右契約の解約申入れがなされたことを認めた。その上で，「Yがさしたる理由もなく老父母に対する扶養を廃し，弟妹とも往来を断ち相互に仇敵として対立すること現状のごとくなった以上，契約当事者における信頼関係は地を払うにいたったものであり，Xらとしても，Yおよび

3 判例にみる終了・解約事由

その私有物と化した会社に本件土地を無償使用せしめておく理由はなくなったものということができる。かかる場合においては、民法第597条第2項但書の規定を類推し、貸主は借主に対して使用貸借を告知し得るものと解するのが相当である」と判示し、Xらの解約を有効とした。

そこで、Yは、597条2項但書が「使用及ヒ収益ヲ為スニ足ルヘキ期間ヲ経過シタルトキ」としている以上、これを類推するには期間的または時間的事柄がないかぎり類推すべきではないとして、上告した。

これに対して、最高裁は、右上告理由には直接答えず、原審判決と同じ理由を示し、上告を棄却している。

このような使用収益の目的達成不能の事例について597条2項但書を類推適用する構成は、以後の判例に受け継がれ、もはや定着したものといえるであろう[28]。これに対し、個別の具体事例の解決としてその解約を認めるという結論に異議を唱えるものはいないが、理論構成については、諸説がある。すなわち、本判決のとる597条2項但書類推適用という考え方[29]のほかに、使用貸借の継続的契約関係に着目し、628条の已むことを得ざる事由を準用する考え方[30]、信頼関係の破綻を根幹とする考え方[31]さらには、無償性から負担付贈与（553条）とパラレルに考えることにより、借主にも何らかの負担があるとの構成から、負担付使用貸借の解除とする考え方[32]、さらには、近親者間の不動産貸借につき、円満な近親関係維持を動機＝前提理論をとる考え方[33]（その際、借主の有責性を必要ととする考え方もある）[34]、などである。

ところで、すでに指摘しておいたように、本判決において、「目的」の解釈は重要な意味をもっているのであるが、判旨によるとそ

V 使用貸借関係の解消について

れを多重的に解していることがわかる。すなわち，土地の借主に居住と会社経営を許したことに尽きるのではなく，その経営から生じた収益で両親を扶養し，余力があれば弟妹たちにもその恩恵に浴させることを眼目としていると認定した。すなわち，抽象的・客観的な建物所有（居住と会社経営）という目的と具体的・主観的な両親の扶養等という目的を認定し，しかも後者に重点を置いている[35]。前者とすれば，その目的は未だ継続しているのであり，使用貸借の終了の要件を満たしていないことになる。また，後者については，「負担」といえるまでの重いものでないかぎり，動機の域を出ないものと解される。

　これまで判例上で認定された目的は，統一されていないとはいうものの，大別2つのものに分類されているものと思われる。すなわち，その1つは，貸主の同意を得た借主の使用目的であり，抽象的・一般的といわれるものである。たとえば，土地の貸借につき，後述するような建物所有の目的のほかに，境内地として使用する目的[36]や洋弓場経営の目的[37]として認められたものがあり，これらは，597条2項が「適用」される事例として扱われている。他方では，「いわゆる使用収益の目的とは，使用貸借契約の無償契約性に鑑みて，建物の使用貸借における居住目的あるいは宅地の使用貸借における建物所有目的といった一般的，抽象的な使用，収益の態様ないし方法を意味するものではなく，当事者が当該契約を締結することによって実現しようとした個別的，具体的な動機ないし目的をいう」[38]として，それには597条2項但書が「類推適用」されている。これらは事例にあわせて使い分けているかのようにみえる[39]。学説においても，前述のように目的自体に拘泥することなく諸般の事情をかんがみて「相当期間」を判断する説もあるが，多くは，こ

の問題に深く立ち入ることはしていない。(40)

そのようにみてくると,すでに判例においては,暗黙のうちに使用貸借における紛争解決方法に,2種類のものが存在することを認めているのではないだろうか。すなわち,本判決をはじめとする597条2項但書類推適用により使用貸借契約の解約を認めている事例は,いずれも契約の基盤となっている情誼関係が,修復不可能なほど破綻していると認定しているものであり,以下に述べるようなそこまで情誼関係は破綻していないが,その関係が希薄化したことにより無償の契約関係に疑問が生じてきている場合と,若干の差異があるのではないかと思われる。そうだとすると,前者については,贈与における忘恩行為による撤回などと同じ無償契約としての共通の要素を持ったものであり,むしろ使用貸借とか贈与とかの個々別々の解釈ではなく無償契約共通の解釈として考えるべきではないだろうか。したがって,上述の諸説に対する評価も,無償契約全般に機能しうるかどうかという観点からみる必要があるのではないかと思われる。

(b) **当事者の交代**

使用借権の相続は,条文上認められていない(599条)が,一定の場合につき使用借権の相続を認める判例がいくつか出現し,学説においてもこれを承認している。そこでは,599条が任意規定であるとの解釈により,契約成立の当初において,借主が死亡しても消滅しないとの黙示の合意があったものとされるのである(41)。

建物所有を目的とした土地使用貸借で,相続に関する近時のものとして,[判例Ⅱ]東京地判平成5年9月14日(42)を取り上げてみよう。

V 使用貸借関係の解消について

事案は多少複雑であるため，本問題点のみに絞り極めて簡略化すると，次のようになる。兄の所有土地上に両親所有の建物が存在し，その建物が両親それぞれの死亡の際になされた遺贈によって，弟の所有となった。そこで兄から，両親の死亡とともに敷地の利用権たる使用借権も消滅したとして，建物収去，土地明渡を請求したというものである。

裁判所は次のように判示し，兄からの請求を棄却している。

「(民法599条) は，使用貸借が無償契約であることに鑑み，貸主が借主との特別な関係に基づいて貸していると見るべき場合が多いことから，当事者の意思を推定して借主が死亡してもその相続人への権利の承継をさせないことにしたにすぎないものと解される。そして，土地に関する使用貸借契約がその敷地上の建物を所有することを目的としている場合には，当事者間の個人的要素以上に敷地上の建物所有の目的が重視されるべきであって，特段の事情のない限り，建物所有の用途に従ってその使用を終えたときに，その返還の時期が到来するものと解するのが相当である…」

使用借権の相続については，本件のように肯定例[43]もあるとともに，条文通りの否定例もある[44]。その分岐の基準は，貸主が当該契約内容をどのように認識していたかによるようである。すなわち，契約成立当初からその契約の相手方を借主側として相続人も含める認識があったか，もしくは借主の死亡後も相続人が継続使用していたことを貸主が容認していた場合，肯定例につながっている。ただ本件も含めて，一部の判決には建物所有の目的というだけで建物の存続性を鑑みて，使用借権の相続を認めたものがあり，その点は問題を残すこととなろう。その点については，ここでは触れず，

次項の問題として後述したい。

ところで、本判決をはじめとする肯定例において、貸主側はいつまでその地位を甘受していなければならないのであろうか。確かに本判決は、兄からの立ち退き請求を認めず、使用貸借契約の存続を認めただけで、その終期は「建物所有の用途に従ってその使用を終えたとき」としているので、明確な時期を決定したわけではないため、建物が朽廃するまでといっているように読めなくもない。

そこで、学説も、先に述べたようにこの使用借権の相続について、黙示の合意と見ることで認めるものも多いが、使用貸借契約は終了し、有償契約たる賃貸借契約に転化もしくは復帰するとする説が出てきた。すなわち、契約当事者が、相続によって世代交代した場合、当事者は無償の関係がなおも存続することを予期していなかったであろうことから、有償契約たる賃貸借契約に転化するとする説や[45]もともと不動産の貸借関係は対価的関係の存在するものであるにも関わらず、当事者の情誼関係から対価支払いが免除もしくは放棄されていたものであり、借主の死亡によりそのような関係が消滅すれば、通常の賃貸借契約に戻るとする説である[46]。いずれの説も不動産貸借における場合を想定しているのであり、その特殊性を鑑み、貸主側と借主側の利益バランスを考慮に入れた上で、なおも貸借関係の維持・継続をはかろうとしているものといえよう。そこでは、当事者の交代により、無償契約たる使用貸借契約の基盤となっている情誼関係が希薄になったことを、有償契約に転換させることにより、従来の解釈でいくならば、消滅か存続かというオール・オア・ナッシングとなる結論を回避させようとしている点は、大いに評価できるものと思われる。

しかし、そうだとするならば、ここで問題としている情誼関係の

Ⅴ 使用貸借関係の解消について

希薄化ということについては，単に借主の死亡の場合だけに限らず，使用貸借契約によって恩恵を与えている側である貸主の死亡の場合も当然あてはまらなければならないであろう。すなわち，貸主側の相続により当事者が交代し，被相続人と借主との情誼関係を相続人は当然引き継ぐべきであり，使用貸主としての拘束を受け続けなければならないとするのは，借主側の相続に増して酷なことも考えられ，単に使用借権があるということで借主側の相続だけにこのような論理を持ち出すことは全く問題がないということになってしまう。

ただ上述の2節は，使用借権の相続性の問題[47]として論じられており，そこでは借主側の居住権を保護する目的，換言すれば，賃貸借であれば借地借家法の保護を受けられるのに比べ，使用借権ではその保護が受けられず，両者のバランスを保つための解釈であると思われる。

(3) 相当期間の経過

(a) 建物所有の目的

借地上の建物の保護という論拠は，借地借家法の適用，すなわち借地権が認められない使用貸借において余り取り上げることはできないものといえる。すなわち，使用貸借という無償契約は，ひとえに貸主の恩恵にのみによって成り立っていると原則的に考えられているため，貸主の利益を犠牲にしてまで，借主の利益を優先させて考えられることはない。使用貸借契約において唯一貸主に不利な点は，期限を設定した場合，そのような合意をした以上，それまでの間は返還請求をなしえないとする条文上の制約である。しかし，本稿の問題としている明確な期限を設定していない場合どのように解

釈すべきかという観点からして、前記［判例Ⅱ］も1つの基準を示しているように思われるし、また、次のような［判例Ⅲ］東京高判昭和54年2月26日も[48]、はたして建物保護を考えていなかったかどうか検討の余地があるものと思われる。もちろん直接的には、貸主の建物建築についての容認していたことが前提となり、契約目的を達成していないとか、相当期間が経過していないというのが表立っての理由とはなっていない。

兄所有の畑を借り受け、そこに建物を建て居住していた弟が、建築後10年たって兄の相続人から土地の返還請求を受けたもので、裁判所は、「右建物は建築後10年位を経過したに過ぎないもので、現に（弟一家が）居住の用に供している」として、返還請求を認めなかった。本件は、もともと兄が弟一家の生計を維持させるために、農地を貸し（後にその農地を贈与）、宅地として当該土地も貸したというもので、弟一家は、現在、兄の相続人よりも裕福な生活をしているという状況の下でのものであった。

ただ建築の築年数のみでいえば、7ヶ月で建物収去土地明渡を認めかった事例[49]は当然としても、判例においては、むしろ一定の期間の経過によって使用貸借の消滅を認めるものが多い[50]。ただ判例はいずれも年数だけを考慮して結論づけているわけでなく、結局は総合的判断に委ねられてくることになる。

建物所有のための土地利用は、「当事者間の個人的要素以上に敷地上の建物所有の目的が重視されるべきであ（る）」とした前掲［判例Ⅱ］は、建物が朽廃するまでという結論にも結びつきやすいが[51]、それは特殊な事情がある場合に限られると解すべきであろう。

したがって、判例の態度は、結局、次に掲げる［判例Ⅳ］最判平

V 使用貸借関係の解消について

成11年2月25日[52]の採用した総合的判断ともいうべき基準を持って、使用収益をなすのに足るべき期間（相当な期間）を経過したどうかを決する方向にあるといってよいであろう。もっともその総合的判断とは、すでに［判例V］最判昭和45年10月16日[53]において示されていたものを踏襲しているのであり、その意味からすれば、民集に登載されてはいないものの、ある程度は固定した最高裁判所の態度であると見てもよいかもしれない。事案は次のようである。

父親が経営するX会社所有の土地上に、父親が家を建てそれを次男Yの所有名義として同居していた。その後父親が死亡し、X会社の経営をめぐり長男とYとの対立が生じたが、その間営業実務の実権は長男が握っていた。現在では長男の息子がそれを引き継ぎ、取締役であったYもその地位を喪失している。その他の状況としては、建物は木造瓦葺き2階建で築後38年8ヶ月たっているがまだ朽廃はしていないということが認定されている。Xからの建物収去、土地明渡の請求に対して、原審は597条2項但書所定の使用収益をするのに足りるべき期間を経過したものとはいえないとした。Xの上告に対し、最高裁は次のように判示し、破棄差戻を言い渡した。

「土地の使用貸借において、民法597条2項但書所定の使用収益をするのに足るべき期間が経過したかどうかは、経過した年月、土地が無償で貸借されるに至った特殊な事情、その後の当事者間の人的つながり、土地使用の目的、方法、程度、貸主の土地使用を必要とする緊要度など双方の諸事情を比較衡量して判断すべきものである（［判例V］参照）。

本件使用貸借の目的は本件建物の所有にあるが、Yが……本件土地の使用を始めてから……38年8ヶ月の長年月を経過し、この間（父親の死亡、その後の経営をめぐっての兄弟対立等により、貸主

と借主との間の）人的つながりの状況は著しく変化しており，これらは，使用収益をするのに足りるべき期間の経過を肯定するのに役立つ事情というべきである。他方，原判決が挙げる事情のうち，本件建物がいまだ朽廃していないことは考慮すべき事情であるとはいえない。そして，前記長年月の経過等の事情が認められる本件においては，Ｙには本件建物以外に居住するところがなく，また，Ｘには本件土地を使用する必要等の事情が生じていないというだけでは使用収益をするのに足るべき期間の経過を否定する事情としては不十分であるといわざるを得ない。

そうすると，その他の事情を認定することなく，本件使用貸借において使用収益をするのに足りるべき期間の経過を否定した原審の判断は，民法597条2項但書の解釈適用を誤ったものというべきであり，その違法は原判決の結論に影響を及ぼすことが明らかである」。

判例のこのような総合的判断をするという考え方は，総論としては是認しうるものの，まさに本件で見る如く，漠然としていて明確性に欠け，結論がどちらに転ぶのか予測できないという危険性もはらんでいるものといえる。事実，結論に疑問を呈するものもおり[54]，ここでもまた，結論が消滅か存続かの二者択一しかないことによって，その判断自体を難しくさせているものといえよう。

なお，客観的要因としての総合的判断による相当期間の経過という基準は，597条3項の適用を回避する方法であるが，適用条文は，目的達成と見るか（同条2項本文適用），目的は達成されていないがそれに足るべき期間の経過と見るか（同条同項但書適用）によって違いが生じることとなる[55]。また，相当期間が経過すれば，本文の適用となり，契約締結後の事情によりそれよりも早く使用貸借を

Ⅴ 使用貸借関係の解消について

終了させるべき時に但書の適用となると解釈する説[56]もある。

(b) 総合的判断

上記判例の通り、判例の流れは「総合的判断」によるものへと傾いているが、そこでは、次のようなものも現れた。これをこの総合的判断の中に入れるべきかどうか検討しなければならないであろう。すなわち、立退料が支払われた事例であり、[判例Ⅵ]大阪高判平成2年9月25日[57]は、本稿の守備範囲とはしていない建物の使用貸借であるが、宅地に関しても当然生じうるため、取り上げておかなければならない課題であろう。

事案を簡略化すると、母、姉（X）、弟（Y）とその妻子は、X所有の土地・建物に同居していたが、XとY夫婦とが不仲になり、Xはそこを離れ別居するようになった。その後も、両者は母の監護、葬儀、法要等について争いが絶えず、親族としての信頼関係は破壊されていた。Xは、老齢にもなりその後所得や居住の面において不安を抱くようになり、立退料として825万円を支払うことにより、母の死亡に伴う使用貸借の終了、信頼関係の破壊を理由に、Yに土地・建物の明渡を請求したものである。

原審は、使用貸借の期間の定めが、母の生存中に限るとは認められず、また使用貸借の終了を来すほどの信頼関係の破壊は認められないとして、Xの請求を認めなかった。

判旨は、まず597条2項但書類推適用による使用貸借解約の可能性を認め、Xの主張には、それに相当するものとも考えられるとしたものの、Y側の事情も総合して勘案すると、Xによる無条件の明渡請求は信義則に反し、権利濫用となるとの誹りを免れない、とした。そのうえで、「しかし、以上認定のXに有利な事情に併せ、X

が右明渡請求につき，825万円又は相当額の金員の支払いの意向を示しているので，この意向にそって考えるに，Xが850万円の金員を支払うことにより，右明渡請求が権利濫用であるとの非難を免れることができるというべきである」という判断を下し，Xの請求を認めている。

本判決は，本来権利の濫用となるような行為も一定額の金員の支払いによって阻却されるという解釈や，使用貸借においても借家法上の正当理由を補完させる立退料の支払いの存在を認めるものという解釈も可能であろう。しかし，ここで取り上げたいことは，使用貸借において，その解約もしくは期間の終了が，期間や使用の目的以外のファクターでも認められたという点である。それは，裁判所が本件において訴訟当事者の利益バランスを考えた場合，オール・オア・ナッシングで決することに躊躇を覚えたからに他ならないであろう。

4　まとめにかえて

本稿におけるこれまでの検討は，使用貸借契約の解消が二重構造になっていると考えるべきではないかというところへと帰着する。すなわち，使用貸借関係は，当事者間の緊密な情誼関係の上に成り立っているが故に，その関係が根底から崩れるような破綻状態に陥ったことによる解約から指摘されている場合と，その関係が何らかの要因で希薄化したことによる使用貸借関係の解消も含めた修正の場合とがあるのではないかということである[58]。

前者において，判例は，597条2項但書類推適用という構成を用

V　使用貸借関係の解消について

いている。本来このような事例は，立法者が想定した使用貸借の典型事例とは違うため，現実の事例に則した不動産利用に関する新たな法律関係の構成を試みなければならないのかもしれない[59]。

ただ，これを無償契約という側面からアプローチをすれば，結局は，諸外国で認められている忘恩行為による贈与の撤回と軌を一にするものであり，それをいかにして日本法に導入するかということになる[60]。したがって，そこでの贈与撤回のための法律構成[61]とこの使用貸借における法律構成を個々別々にすることには違和感をおぼえざるをえない。なるほど判例のとる597条2項但書類推適用という法律構成は，条文を根拠としている点は評価できるが，解釈に無理があるということも多くの学者から指摘されている[62]。加えて，［判例Ⅰ］のような事例において，もし明示に長期で未到来の期限が定められていた場合，やはり結論としては解約を認めたほうが妥当であろうが，使用収益に必要な期間を経過したものとする規定をはたして類推できるであろうか。そのように考えれば，かような解釈の限界が見えてくることになる。したがって，もし597条2項但書を根拠条文とするのであれば，類推適用ではなく「転用」し[63]，かつ無償契約の総則的法理とするというのでなければ，無償契約における統一的処理は不可能となる。確かに条文根拠がないと説得力を欠くものとなってしまうのであるが，もともと法の欠缺としてとらえられるべきものであるため，無償契約の特殊性，すなわち契約成立及び存続に関してその「原因」が大きく関与していることを見据えて検討していくべきものであると考える[64]。なお，原因論については他日を期したい。

一方，後者の情誼関係の希薄化に伴う契約関係の修正は，判例のとる総合的判断もしくは相当期間の経過によって使用貸借契約関係

の解消も含め，さらには賃貸借契約への転換などのバリエーションも可能とする方向へ進むべきではないだろうか。賃貸借への転換の論拠とするところは，先に掲げた諸説もあるが，情誼関係の希薄化全般に妥当性を持たせるためには，筆者としては原因論に依拠したいところであるが，現状の日本法では信義則に求めざるをえないかもしれないし，前提論，行為基礎論を展開させることも可能であろう[65]。もっとも，賃貸借への転換に際して，裁判所の判断でそれがなしうるかという問題も生じてくる。やはり，以後に継続する賃貸借においても，信頼関係の維持は不可欠なだけに，原則的には，貸主側からの賃貸借への転化の主張を必要とすると考えたい[66]。ただ，本来，この種の事例は，特に立退料の可否の検討も含めるならば，裁判によって決するよりも，和解や調停になじむものであることは誰もが認めるところであろう。

〔注〕
（1） 我妻栄・民法講義V_2債権各論中一375頁（岩波書店，1957）。
（2） 「當事者ノ目的ハ相手方ニ對シテ何カ特別ノ事情ガアッテ貸ス」（富井政章発言）法典調査会・民法議事速記録4（日本近代立法叢書4）〈以下，「議事速記録」と記す〉301頁（商事法務研究会，1984年），「元親密ノ関係ガアッテ契約ガ出来タノデアル」（富井政章発言）同303頁。
（3） この点については，プレカリウムに関する歴史及び法典化の問題と絡んでくる。プレカリウムに関しては，岡本詔治・無償利用契約の研究〈以下，「無償利用」と記す〉（法律文化社，1989）に詳しい。
（4） 判例において，まず当該契約が使用貸借であるということの認定から始められることも多く，また，土地利用について，地上権の認定された事例もある（福岡高判昭和38・7・18判例時報350号23

Ⅴ　使用貸借関係の解消について

　頁など）。
（5）　議事速記録274頁。
（6）　近時の判例で，被相続人の同居親族が，被相続人の死亡後，遺産分割までの間，共同相続財産である住居を単独で継続使用するについては，黙示の使用貸借契約が結ばれているとするものがある（平成8・12・17民集50巻10号2778頁）。使用貸借における問題の新たな展開を示すものとして注目されるが，本質的には，使用貸借自体の問題ではなく，当該使用が，適法か不法かの問題と解される。
（7）　議事速記録274頁。
（8）　梅は借主に使用借権というものを積極的に認めていた（民法要義608頁（有斐閣，1912））が，富井は消極的な意味でしか認めていなかった。すなわち借主の使用借権というよりも貸主に課せられた使用許容義務の裏返しとしての「権利」としてとらえていた（富井博士述・債権各論　完（復刻叢書法律学篇39）248頁（信山社1996復刻版））。
（9）　議事速記録285-6頁。
（10）　議事速記録286頁。
（11）　議事速記録289頁。
（12）　「當事者ガ返還ノ時期モ亦使用ノ目的モ定メナカッタ時ハ仕方ガナイ一般ノ原則ニ依ッテ本案デ言ヘバ即チ四百十一條ニ依ッテ貸主ハ何時デモ返還ヲ請求スルコトガ出来ルト云フコトニナル」（富井発言）議事速記録286頁。
（13）　Boissonade, Projet de Code Civil pour l'Empire du Japon accompagné d'un Commentaire tome 3. p. 840.（仏文・日本民法草案註解［復刻版］第3巻［ボアソナード文献双書③］宗文館，1983）。
（14）　ドイツ民法605条3号は，借主の死亡に際して貸主に告知権を与えており，各法とも結果的には大体同じである。
（15）　法典調査会の段階では，現行規定の594条～599条に相当する599条～604条の後に605条として「前六条ノ規定ハ別段ノ定アル場合ニハ之ヲ適用セズ」との規定があった（議事速記録302頁）。
（16）　議事速記録301-2頁。

4 まとめにかえて

(17) 梅・前掲622頁。
(18) 梅・前掲609頁。
(19) 議事速記録286頁。
(20) そもそも，梅と富井は，使用貸借の性質について見解の相違があった。すなわち梅は使用貸借契約を双務契約であるとしていた（梅・前掲607頁）し，富井は片務契約と考えていた（富井・前掲同所）。
(21) 笹村將文「不動産使用貸借の終了事由について」判例タイムズ906号4頁（1996）。
(22) 石田喜久夫「使用貸借」現代の契約法141頁（日本評論社，1982），田村精一「親族間の不動産利用関係」契約法体系Ⅲ293頁以下（有斐閣，1962）参照，田口文夫「不動産の無償利用契約と利用者の地位」専修法学論集40巻139頁（1984），加藤永一「16 親族間の不動産利用」民法学(5)198頁（有斐閣，1976）など。また，ドイツ法と対比させるものとして，後藤泰一「使用貸借の解約」信州大学教養部紀要23号1頁（1989）がある。
(23) 笹村・前掲同所，岡本（詔）・不動産無償利用権の理論と裁判〈以下，「理論と裁判」と記す〉28頁（信山社，2001）。
(24) 後藤静思「民法第597条第2項但書の類推適用により土地使用貸借の解約が有効とされた事例」（［判例Ⅰ］評釈）法曹時報20巻4号157頁（法曹会，1968），山中康雄・新版注釈民法(13)幾代通＝広中俊雄編125頁（有斐閣，1989）。
(25) 解約と終了では，土地の占拠などについての損害賠償債務の発生時期が異なってくるのではないかとの指摘がなされている（平井一雄「民法597条2項の類推適用事例（東京高判昭和61・3・27判例評釈)」法律時報59巻7号92頁（日本評論社，1987）。
(26) 最判昭和32・8・30裁判集民27号651頁など。権利濫用法理で返還請求を認めないとする構成も考えられるが，判例は居住建物に関してその構成を多く認めているものの，宅地に関しては少ない（大阪地判昭和40・9・18判例タイムズ183号178頁）。権利濫用は使用借権の対抗問題ともいうべき事案で使われていることが多い（岡

V 使用貸借関係の解消について

　　　本（詔）・前掲「理論と裁判」188頁以下参照）。
(27)　民集21巻9号2460頁。同判例評釈として，森孝三・民商法雑誌59巻1号66頁（有斐閣，1968），平井宜雄・法学協会雑誌86巻3号402頁（有斐閣，1969），後藤（静）・前掲153頁，中馬義直・セミナー法学全集11号213頁（日本評論社，1974）。
(28)　民法597条2項但書の類推適用で使用貸借の解約を認めた事例として，大阪高判昭和55・7・10判例時報992号67頁，東京地判昭和56・9・4判例タイムズ450号84頁，東京高判昭和61・3・27・判例タイムズ624号182頁，大阪高判平成2・9・25判例タイムズ744号121頁，東京高判平成3・1・22判例タイムズ766号106頁，東京地判平成3・5・9判例時報1407号87頁，大阪高判平成9・5・29判例時報1618号77頁などがある。
(29)　後藤（静）・前掲同所，森・前掲77頁，原田・前掲64頁。山中・前掲116頁は，無償契約の総則的法理として597条2項但書の類推適用を提唱されている（同旨，三和一博「親族間の土地使用貸借と民法597条2項但書の類推適用（東京地判平成3・5・9判例評釈）」私法判例リマークス6号38頁（日本評論社，1993）。
(30)　来栖三郎・契約法〈法律学全集21〉403頁（有斐閣，1974）。
(31)　広中俊雄・債権各論（5訂版）125-6頁（有斐閣，1979）。但し，法律上の義務違反にあたるほどのものでなければ，信頼関係が破壊されたとはいえないとする。
(32)　平井（宜）・前掲407頁，中馬・前掲216頁，平井（一）・前掲同所。
(33)　三宅正男・契約法（各論）下巻621-2頁（青林書院，1988）。
(34)　吉田克己「判例レビュー（東京高判平成3・1・22判例評釈)」判例タイムズ778号41頁（1992）。
(35)　本判決の目的の分析として，森・前掲70頁以下，後藤（静）・前掲157-8頁参照。
(36)　東京地判昭和49・3・14判例時報747号77頁。
(37)　東京高判昭和56・2・24判例時報988号63頁。
(38)　東京地判平成3・5・9判例タイムズ771号189頁。同旨を述べ

4 まとめにかえて

るものとして名古屋高判昭和56・12・17判例時報1042号106頁など。
(39) 使用貸借の判例における「使用目的」の分析は，岡本（詔）・前掲「理論と裁判」73頁以下に詳しい。なお，武尾和彦「無償契約論序説」法律論叢61巻6号126頁以下（1989），拙稿「使用貸借における使用及び収益の目的の意味（名古屋高判昭和56・12・17判例評釈）」法律時報56巻3号112頁（日本評論社，1984）参照。
(40) 岡本（詔）・前掲「理論と裁判」43頁以下にその概要がまとめられている。
(41) 山中・前掲126-7頁，加藤一郎「4 贈与と使用貸借」谷口知平＝加藤一郎編・新版・民法演習4債権各論56頁（有斐閣，1980），近江幸治・民法講義Ⅴ契約法（第2版）180頁（成文堂，2003）など。
(42) 判例タイムズ870号208頁。
(43) 大阪高判昭和55・1・30判例タイムズ414号95頁，東京地判昭和56・3・12判例時報1016号76頁。なお，建物の使用貸借についても，東京地判平成元・6・26判例時報1340号106頁，東京高判平成13・4・18判例タイムズ1088号211頁。
(44) 大津地判昭和36・4・7下民集6巻4号648頁，東京地判昭和62・8・28判例時報1278号97頁など。
(45) 石田・前掲145頁以下。
(46) 村田博史「不動産使用貸借論序説」『民法学の新たな展開』（高島平蔵教授古稀記念）598頁（成文堂1993）。
(47) しかも，石田説は特殊な関係内の問題を想定している。
(48) 下民集30巻1〜4号46頁。
(49) 東京高判昭和55・10・15判例時報984号71頁。
(50) 6年（東京地判昭和27・4・23下民集3巻4号541頁），10年（東京地判昭和43・6・3判例時報543号61頁），11年（大阪高判昭和55・1・30判例時報966号50頁）で認めた事例などがある。しかし，いずれも借主の窮状を救うためのものであったことが示されている。特段の事情がない限り，32年4ヶ月という長期をもって「使用収益をなすに足るべき期間」を経過したとするものもある（最判

Ⅴ 使用貸借関係の解消について

　　　昭和59・11・22裁判集民143号177頁)。
(51)　相続以外でも同旨の理由を説示するものとして，名古屋地判平成2・10・31判例タイムズ759号233頁。
(52)　判例時報1670号18頁。本件評釈として，池田恒男・判例タイムズ1009号73頁（1999），下村正明・判例時報1688号244頁（1999），岡本岳・判例タイムズ1036号89頁がある。
(53)　裁判集民101号77頁。
(54)　池田・前掲77頁。
(55)　この問題に触れるものとして，たとえば，来栖・前掲401頁，三宅・前掲629頁など。また，判例も，本文適用（東京高判昭和54・2・26判例時報927号196頁など），但書適用（東京地判昭和55・7・10判例時報992号67頁など）ともに存在するが，それら判例の検討も含めて山中・前掲119頁以下に詳しいので，ここでは省略する。
(56)　山中・前掲117頁。
(57)　判例タイムズ774号121頁。本件評釈として，原田純孝「民法597条2項但書の類推適用による使用貸借の解約告知と立退料の提供（大阪高判平成2・9・25判例評釈）」判例タイムズ757号62頁（1991），後藤（泰）「民法597条2項但書の類推適用による使用貸借の解約と金銭（立退料）の提供」信州大学教養部紀要27号177頁（1993）がある。
(58)　ただ，両者の境界線をどこに引くかは，現実の問題として，それが主観的なものであるだけに困難なものがある。1つの考え方として，借主側の有責性の有無が関係してくるものと思われる。
(59)　岡本（詔）・前掲「無償利用」6頁以下，同「理論と裁判」22頁以下は，その1つのアプローチとして，前出プレカリウムを再評価する必要性を説かれる。また，実務に即した対応を考えるのに，当事者間の関係を類型化する作業も重要であろう。同「理論と裁判」1頁は，過去の判例を分析すると，無償利用関係の類型として，①友人・知人・隣人間の貸借，②特別な縁故関係・宗教関係にある当事者間での貸借，③親族間での貸借，④雇用関係等，一定の身分関係にある当事者間での貸借，⑤取引当事者間での貸借に分類でき

るとする。さらに、③の親族間は夫婦・親子・その他の親族に細分される。
(60) もっとも、起草者は贈与における「忘恩による撤回」を充分認識した上で、そのような規定をおかなかった（「議事速記録」(三) 847-8頁）
(61) 忘恩行為による贈与の撤回については、次のような諸説がある。①受遺欠格（965条、891条）の類推適用を認める見解（広中「贈与」民法論集70-1頁（東京大学出版会　1971））、②黙示の解除条件付きとする見解（島津一郎「縁組の破綻を理由に養親の養子に対する贈与の撤回を認めた事例（新潟地判昭和46・11・12判例評釈）」金融商事判例331号9頁（1972）、中川淳「養親を扶養する負担付贈与と義務不履行による解除（最判昭和53・2・17判例評釈）」法律時報50巻10号163頁（1978）、③信義則によるとする見解（加藤（永）「贈与に信義則を適用して贈与者の返還を認めた事例（新潟地判昭和46・11・12判例評釈）」法学37巻1号16頁（1973）、上野雅和「信義則により贈与者からの受贈者に対する贈与の撤回が認められた事例（大阪地判平成元・4・20判例評釈）」判例時報1340号209頁（1990）、④重大・著しい忘恩行為には、法の欠缺により撤回を認める見解（加藤（一）「忘恩行為と贈与の効力」法学教室16号（1982）75頁、後藤（泰）「忘恩行為と贈与の撤回」信州大学教養部紀要19号5頁（1985）、⑤行為基礎（前提）の喪失により撤回できるとする見解（三宅・契約法（各論）上巻36頁（青林書院、1983））、⑥目的不到達による不当利得返還を認める見解（平井（一）「贈与物の返還が認められた事例（新潟地判昭和46・11・12判例評釈）」獨協法学6号177頁（1975））、⑦原因・相互援助関係の解消に伴い撤回できるとする見解（岡本（詔）「信義則による贈与の撤回と贈与『原因』（大阪地判平成元・4・20判例評釈）」法律時報62巻11号103頁（1990））などがある。
(62) 森・前掲73-74頁、平井（宜）・前掲406頁、中馬・前掲216頁、原田・前掲同所ほか。
(63) 鈴木禄弥・借地法上巻（改訂版）153頁（注（12））（青林書院、

Ⅴ 使用貸借関係の解消について

　1980)。
(64)　岡本（詔）・前掲「理論と裁判」49頁以下，458頁以下，岡本「無償契約という観念を今日論ずることには，どういう意義があるか」講座現代契約と現代債権の展望第5巻契約の一般的課題35-6頁（日本評論社，1990)。なお，武尾・前掲139頁以下，拙稿「契約の目的についての覚書(1)・(2)完」中京法学16巻1号65頁以下，同2号77頁以下参照。
(65)　右近健男「親族間の無償土地利用の解約（東京地判平成3・5・9判例評釈)」判例タイムズ786号77頁。
(66)　近江・前掲同所。なお，岡本・理論と裁判202頁以下の賃貸借への転換に対する見解も参照されたい

あとがき

　中京大学法学部の岸上教授は，2005年3月末，病のため不帰の客となられた。まだ，50代の若さであった。教授と親しかった私共にとっては，痛恨の窮みである。

　本書は，教授の残された諸業績のなかから，終生追究してこられたテーマである，原因（cause）論に関する論稿を集めたものである。

　周知のように，旧民法では，フランス法の影響をうけて，「真実且合法ノ原因」の存在が合意の成立要件とされていた（財産編304条1項3号）。明治民法では，これは廃されている。その理由は，梅謙次郎『民法要義巻之一総則編』によれば，「原因ト云ヒ目的ト云フモ唯其観察者ヲ異ニスルノ名称ニシテ彼我地ヲ易フレハ原因モ亦目的ト為ルコト明カナリ故ニ寧ロ之ヲ目的ト称スルヲ妥当トス」（224頁）るからであった。それでは，その後の民法学において，目的の意義が明らかにされてきたであろうか。「目的」と「目的物」とが異なるのは自明であるとしても，目的なる語は，objetとbutの双方を含むものであるのにこれを截然と区別して用いてきたのかも疑問である。また，目的と原因とが，梅の言うように同義だとしたら，目的は，法律行為の効力に影響を及ぼす素因であるから，原因の意義を追究することは，「目的」論にとっても有用であり，そのことから，動機，あるいは主観的行為基礎との区別も明らかとなるであろう。

あとがき

　また，契約はなぜ契約者を拘束するのか。その根拠は，je veux, donc je m'oblige という意思理論のみで十分なのであろうか。cause が拘束力の根拠として機能することはないのであろうか。

　岸上教授は，このような問題意識の下に，原因論のラビリントスに分け入り，cause の果たす機能を明らかにしようと苦心されたのであった。

　その成果は，本書に収められた論稿をご覧いただきたいが，これらの他に，大部にわたり且つ共訳という形式で発表されたため本書では割愛せざるをえなかった，『ジョルジュ，シュヴリエ　債務におけるコーズの歴史に関する一試論』の翻訳があることを是非付け加えておきたい。

　近時では，フランス法の研究者は少なくないが，cause を正面から取り上げた邦語の文献は必ずしも多くない。本書は，既発表の論稿を集めたものではあるが，原因論に関心をお持ちの方のお役に立つものと思料する。

中京大学大学院法務研究科教授

平井　一雄

契約の目的	
2006年11月10日発行	
著　者	岸上　晴志
発行所	不磨書房
〒113-0033　東京都文京区本郷6-2-9-302	
TEL 03-3813-7199　　FAX 03-3813-7104	

印刷・製本／松澤印刷・大三製本
ISBN 4-7972-9290-3 C3332